挫折
是孩子最好的老师

王应美 / 著

天津出版传媒集团

天津科学技术出版社

图书在版编目（CIP）数据

挫折是孩子最好的老师 / 王应美著. -- 天津：天津科学技术出版社，2021.5
ISBN 978-7-5576-9074-8

Ⅰ. ①挫… Ⅱ. ①王… Ⅲ. ①挫折教育－家庭教育 Ⅳ. ①B848.4②G78

中国版本图书馆CIP数据核字(2021)第070072号

挫折是孩子最好的老师
CUOZHE SHI HAIZI ZUIHAO DE LAOSHI

责任编辑：胡艳杰

出　　版	天津出版传媒集团
	天津科学技术出版社
地　　址	天津市西康路35号
邮　　编	300051
电　　话	(022)23332695
发　　行	新华书店经销
印　　刷	唐山市铭诚印刷有限公司

开本 880×1230　1/32　印张 6　字数 150 000
2021年5月第1版第1次印刷
定价：42.00元

前言

挫折教育不等于吃苦，教育才是重中之重

提起挫折教育，有些家长总会简单粗暴地把挫折教育理解为吃苦。他们认为，故意给孩子制造挫折，刻意让孩子多经受挫折，就是挫折教育，就可以提高孩子的心理素质，增强孩子的抗挫能力。于是，他们就人为地给孩子制造各种各样、五花八门的挫折。他们告诉孩子："吃得苦中苦，方为人上人。""我让你吃苦，那都是为你好。""温室里的花朵是经不住社会捶打的，等你踏入社会了，一定会感谢现在吃苦的自己。""这才到哪啊！你以后还会吃更多的苦，还会经历更大的挫折呢！"

此外，为了避免孩子骄躁，他们还秉持"少夸赞，多批评"的教育理念，经常对孩子使用一些负面的、消极的，甚至是具有攻击性的语言，比如"脑子笨""不争气""没出息"等。最后，他们发现，孩子的情绪控制能力变得越来越差，内心更加敏感，遇事更容易崩溃，整个人变得越来越不快乐。

其实，家长简单地将挫折教育理解为吃苦，并用言语攻击孩子，只会不断增加孩子的挫败感，让孩子觉得无论自己怎么做，都无法让父母满意，从而变得更加自卑、消极、抑郁。这

样的教育简直就是在害孩子。

显然，挫折教育并不意味一定要吃苦，教育才是重中之重。挫折是孩子最好的老师，挫折可以磨炼孩子的意志，提升孩子的耐挫力，增强孩子的心理素质。但前提是孩子愿意接纳挫折，敢于直面挫折、不畏难、不逃避、不依赖、不推诿，勤于思考，乐于实践，敢于担当，这些才是挫折教育的真正意义。

生活本身就挫折不断，所以不必再人为地制造挫折了。学习成绩不理想、在学校被孤立、亲人离世、身体有缺陷等都是孩子在成长过程中可能会遇到的挫折，而且这些涉及孩子生活、学习、社交、心理等各个方面的挫折常常是持续不断的。因此，家长完全没有必要担心孩子没有挫折可以经历，更不必因此而故意给孩子制造挫折，以免无端增添孩子的压力和负担。

身为父母，与其一个劲儿地给孩子加油打气，不如给孩子以情感支持。每一个不惧挫折、内心强大的孩子，都离不开父母温暖的情感支持。孩子能从父母的情感支持中获得安全感、归属感以及直面挫折的勇气。可以说，父母的情感支持能给孩子以鼓励、自信，能让孩子的自尊心更强，让孩子的心态更积极健康，而单纯地给孩子加油打气、冷眼旁观地鼓励孩子要勇敢是无法取得这样的效果的。

本书系统地介绍了孩子在学校、家庭中可能会遇到的一些挫折，并给父母提供了相应的可行性建议，还明确指出了父母在挫折教育中的作用，以及挫折教育对孩子的真正意义。相信本书一定能帮助父母更好地教育孩子，助孩子战胜挫折。

目 录

第一章
每一个内心强大的孩子，都离不开父母的支持和鼓励

呵护孩子，建立孩子内心的安全感 / 002

多一分尊重，孩子才会多一分自信 / 006

有技巧地沟通，引导孩子寻找战胜挫折的方法 / 009

鼓励孩子，给孩子直面挫折的勇气 / 013

积极开导，培养孩子清除灰色记忆的能力 / 017

即使抗挫失败，也要从失败中吸取教训 / 021

第二章
提高耐挫力，从建立孩子的积极心理开始

及时排解失败心理，才会看到成功的曙光 / 026

克服依赖心理，是应对挫折的重要保障 / 030

摆脱孤僻的困扰，每一个孩子都能够融入集体 / 034

正确认识逃避，敢于面对挫折才是真的强大 / 038

远离消极攀比心理，不刻意比较才会获得快乐 / 042

消除畏难情绪，适当打破孩子的舒适圈 / 046

减少不必要的焦虑，乐观的孩子才能应对一切挫折 / 051

避免习得性无助的伤害，有自尊的孩子更健康 / 055

第三章

正视家庭中的挫折，父母是孩子挫折教育的导师

面对家庭暴力，及时疏导孩子的受伤心理 / 060

亲人离世，引导孩子学会珍惜眼前人 / 065

吃五谷生百病，教育孩子生病也要乐观 / 069

爸爸妈妈离异了，但依然都很爱你 / 073

重组完整家庭，也要重给孩子完整的爱 / 078

自己的事不会做，鼓励孩子勇敢地寻求帮助 / 083

第四章

社交中的矛盾与冲突，也可化为欢声笑语

没朋友的孩子，从交第一个朋友开始 / 088

即使有生理缺陷，你也不是"另类" / 092

别太在乎外表的美与丑，心灵美才是真的美 / 096

被取难听的外号，并不是你的错 / 099

被同学嘲笑，先稳定孩子的情绪 / 103

和同学起了冲突，引导孩子在冲突中找寻认同和理解 / 108

不被同学接纳只是暂时的，首先要学会真诚地赞美人 / 112

太过内向的孩子，用爱去敲开他的心门 / 116

第五章
在学习烦恼中激发学习潜能，让学习更有成就感

总记不住知识点，不妨先强化孩子的记忆力 / 120

考前紧张焦虑，设法帮助孩子放松身心 / 124

糟糕的厌学情绪，培养读书兴趣才能主动学习 / 128

毫无目的地学，不如一起来制订学习计划 / 132

无奈的偏科，从引导孩子端正学习态度开始 / 136

学习注意力不集中，有意培养孩子的专注力 / 141

学习固化不懂变通，科学训练思维方式很关键 / 145

陷入努力也不理想的瓶颈，试试调整学习方法 / 149

第六章
挫折教育磨炼优秀品质，成就孩子的美好未来

有效的挫折教育，是孩子身心独立的内驱力 / 154

积极应对挫折，磨炼孩子的意志力 / 158

挫折可以启迪逆商，让孩子越战越勇 / 162

勇敢面对，挫折总能激发孩子的好奇心和探索欲 / 166

吃一堑，长一智，挫折有助于提高孩子解决问题的能力 / 170

愈挫愈勇，经历挫折多了，定力也就强了 / 174

挫折教育帮助孩子戒骄戒躁，变得更加沉着理智 / 178

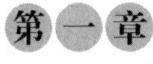

每一个内心强大的孩子，都离不开父母的支持和鼓励

家长，不单单是孩子的衣食父母，还是孩子的精神导师。他们不但要负责养孩子，还要扛起教育孩子的重任，努力将孩子培养成内心强大、不惧挫折、独立自信的人。他们要给孩子以呵护、尊重和鼓励，让孩子获得安全感、自信以及直面挫折的勇气；他们要懂得与孩子沟通的技巧，能够积极地开导孩子，培养孩子坚定、勇敢、开朗的性格。可以说，每一个不惧挫折、内心强大的孩子，都离不开父母的支持和鼓励。

呵护孩子，建立孩子内心的安全感

安全感，是孩子面对挫折时勇气的来源，也是孩子战胜各种挫折的力量。每一个内心充满安全感的孩子，都有着强大的自尊和自信，这份自尊和自信对孩子的生活、学习、社交，乃至孩子未来的工作状态都有着积极的影响。可以说，安全感是孩子精彩人生的底色。

妈妈总对我说：再不听话，我就不要你了。所以，每当妈妈出差不在家时，我就会以为我最近又不听话了，妈妈不要我了。

妈妈总拿我跟别人家的孩子比，总在我面前夸赞别人家的孩子，还常常责怪我不好好跟人家学习，一说起别人家的孩子，就好像别人家的孩子才是亲生的，而我是捡来的。

提到安全感，多数父母首先想到的是给孩子创设一个安全

的环境，这个环境包括房子、金钱和物质。他们以为，给孩子创设一个安全的环境就可以让孩子的内心充满安全感。但其实并没这么简单，如果家长存在以下几个问题，就可能会让孩子缺乏安全感。

1. 家长敷衍孩子的问题

随着年龄的增长，孩子会对自己怎么来到世上感到好奇，他们会问父母："我是怎么来到这世上的？"大多数父母为了省事，就会采取一些玩笑式的回答来敷衍，比如："你是妈妈从垃圾堆里捡来的呀！""你是爸爸充话费送的。""你是从石头里蹦出来的。"这些父母认为孩子还小，不必认真回答他们的问题，便随口以玩笑式回答了。

殊不知，孩子不但会认真对待父母玩笑式的回答，还会把父母的玩笑话听进心里。父母的玩笑式回答其实是在提醒孩子：他是不值得被爱的。自卑的种子就这样被父母亲手种进了孩子的心里。其实，很多父母不知道，孩子之所以会问"我从哪儿来？"，是为了确认自己是被人爱着的，且自己是值得被爱的，但被很多父母以"孩子还小，啥都不懂"给搪塞了。

2. 家长看不到孩子的进步

每一个孩子都是有灵性的，他能感知到父母对自己的爱和关怀，也能感受到父母对自己的失望和不满。有些孩子为了获得父母的认可，就努力按照父母的期望来做事：父母喜欢听话的孩子，他们就听话；父母喜欢成绩好的孩子，他们就努力提高自己的成绩。这些孩子，小小年纪就开始琢磨怎么得到父母的认可，怎么做才能让父母更开心。但是，努力后并没有得到想要的认可。

"爸爸怎么都看不到我的进步呢？"一个8岁的孩子把自己的成绩单拿给爸爸看，希望爸爸能看到自己的进步，听到几句表扬的话，结果爸爸只是简单地说了句："嗯，考得还可以。"再无多余的话，这让孩子很伤心，他觉得爸爸看不到自己的进步。事实上，看不到孩子进步的父母并不少。

3. 家长忽视孩子的感受

有些父母在孩子面前，张口闭口所谈论的都是别人家的孩子，他们想借此来激发孩子的上进心，想让孩子向别人家的孩子学习。然而，很多时候，父母这种故意强化别人家孩子的做法，不但不能激发孩子的上进心，反而会让孩子变得更加压抑、自卑，从而在潜意识里认为自己真的不如别人家的小孩。更有甚者，有些孩子会钻牛角尖，他们会认为自己在父母眼里一无是处。

"妈妈总说我不如别人家的孩子。"一位刚刚拿到"三好学生"奖状的孩子哭着对老师说。这让老师感到很惊讶："这个孩子每次考试都能进前三，本身就是'别人家的孩子'呀！怎么会因为不如别人家的孩子而伤心呢？"

不是说给孩子创造一个安全的成长环境就能给孩子安全感，真正能让孩子的内心建立安全感，让孩子不畏挫折，勇于表达自我、挑战自我的，是父母对孩子的呵护，是父母的爱和关怀。父母可以从下面两方面来帮助孩子获得内心的安全感。

1. 用爱和真诚呵护孩子，让孩子感受到被爱和值得被爱

"被人爱"和"值得被爱"是两个不同的概念，也是每一个孩子获得内心安全感的必要前提，是需要父母用爱和真诚去小心呵护的。那些能够感受到自己被人爱且深知自己值得被爱的孩子，内心都是无比强大的，他们自信、乐观、积极向上。遇到挫折时，他们不畏怯，不质疑自己，敢于直面挫折，善于分析挫折，且拥有一颗战胜挫折的决心。这样的孩子，不会因为别人的拒绝而焦虑，不会因为别人的批评而怨恨，不会因为遇到挫折而轻易崩溃，是有着强大的自信心和自尊心的人。

2. 洞察孩子的情绪，呵护孩子的情感

有些父母并不把孩子的情绪当回事，他们认为孩子都是没心没肺的，前一秒还在为朋友不搭理自己而伤心落泪，后一秒就能和玩具愉快地玩在一起，根本不需要父母的安慰。其实，孩子并不是没心没肺的，他们有着细腻的情感，有时敏感、有时脆弱、有时焦虑、有时悲伤、有时嫉妒，每每这些时候，父母的态度就显得十分重要。

对于孩子来说，自己的喜怒哀乐被父母察觉，是一种被爱和幸福的感受。当孩子的每一种情绪都被父母察觉，且得到父母的及时回应时，孩子的内心是充满安全感的。他知道，不管什么时候，父母都是爱自己的，因而他们敢于挑战挫折，即便失败了也能快速从沮丧的情绪中走出来，继续勇敢地笑对生活。

多一分尊重,孩子才会多一分自信

在有些父母的眼里,孩子就只是孩子,是不谙世事的。于是,他们过多地参与孩子的生活,经常代替孩子做决定,甚至还为孩子规划未来,替孩子决定将来的人生。他们把孩子圈养在温室里,当成花朵一样小心呵护。当孩子遇到问题不愿面对时,他们主动替孩子解决问题。他们认为这都是为孩子好,却不知这其实是对孩子成长的不尊重,是对孩子独立人格和个人意愿的不尊重,更是让孩子慢慢失去自信的根本原因。

妈妈总是随意给我报各种培训班,而且事先从不主动询问我的想法,就好像我是一块不完整的砖,哪里缺了就补哪里。

我现在都上小学了,妈妈还总是替我决定每天穿什么衣服、搭什么鞋子,完全不问我喜不喜欢,穿着舒不舒适,真是头疼啊!

有些父母的控制欲很强，孩子穿什么衣服、上什么兴趣班、买什么课外书等，事无巨细，他们都要大包大揽。很多时候，他们并没有耐心询问孩子的意见，更不会倾听孩子的心声，只是一味地抱着"我这么做都是为你好"的盲目心态。殊不知，这么做其实是在剥夺孩子的成长机会。下面是两种常见的父母控制孩子、不尊重孩子的情形。

1. 不允许孩子有自己的主见——"你是我生的，就得听我的"

有些家长认为，孩子是自己生的，想怎么养就怎么养，爱怎么教就怎么教，与他人无关，与孩子也无关。"你是我生的，你得听我的。"当孩子对父母的意愿提出反驳时，有些父母会强制要求孩子听父母的，不允许孩子有自己的想法。大多数孩子迫于父母的威势，不得不选择遵从父母的意愿而隐藏自己的真实想法。时间久了，孩子渐渐没了主见，遇到挫折，就习惯性地往父母身后躲，等着父母替自己解决，在挫折面前，一点儿自信心都没有。

2. 压制孩子——"我怎么说，你就怎么做，没得商量"

有些父母喜欢用命令式的语气跟孩子说话，比如："就照我说的去做。""我怎么说，你就怎么做，没得商量。"他们时时刻刻都在孩子面前展现家长的权威，拿家长的架子压制孩子，强制要求孩子听话、乖巧、顺从。在这种家庭环境中成长的孩子怯弱、胆小、自卑，遇到挫折就退缩，心态始终受父母状态的影响。

父母不尊重孩子的表现还有很多，比如：家长唯成绩论，不在乎孩子的喜好，等等。家长只知自己这么做是爱孩子，却忽视了这是对孩子的不尊重。尊重孩子，父母需要做到以下几点。

1. 把孩子当成独立的人，而不是"私人用品"

每一个孩子都不是父母的"私人物品"，他们是独立的个体，是和父母一样平等的人，是应该受到尊重的对象。父母没有权利支配和限制孩子的思想和行为，更无权剥夺孩子的意愿和个性。因此，在和孩子相处的过程中，不管是出于什么初衷，都不应该直接忽略孩子的意愿，替孩子做决定，尤其是当孩子在生活、学习中遇到困难时，父母更不能擅自主动帮孩子解决，否则就是在剥夺孩子在挫折中获得历练和成长的机会。

2. 倾听孩子的心声，让孩子多尝试

耐心倾听孩子的心声，就是对孩子最大的尊重。有些父母只是把孩子当成孩子，没有耐心倾听孩子的心声，随意代替孩子回答问题，他们不相信孩子能自己解决问题，任意插手孩子的事情……其实，每个孩子都有自己的想法和表达想法的欲望，他们也有自己的主见，只有那些允许孩子有劣势、愿意倾听孩子的想法、愿意让孩子多去尝试的父母，才能发现孩子内心深处独立、自信、聪颖和勇敢的特征。

3. 尊重孩子的个人意愿，增强孩子的自信心

自信的孩子不是生来就自信的，自卑的孩子也不是生来就自卑的，孩子是自信还是自卑，主要取决于父母平时对待孩子的态度和方式。平时受到父母尊重，能够随时发表自己的意见，被允许可以和大人有不同意见的孩子，一般都很有自信。因此，父母平时要注意自己的言谈举止，要懂得尊重孩子的个人意愿，以帮助孩子增强自信。

有技巧地沟通，引导孩子寻找战胜挫折的方法

有时候，孩子遇到了挫折，想向父母求助，却不知道要怎么开口。而父母看到孩子为挫折苦恼，本想好心帮助孩子，可话还没说两句，孩子就表现得不耐烦了，不愿意继续跟父母沟通，更不愿意向父母求助。这种亲子间的无效沟通，非但不能帮助孩子找到战胜挫折的方法，反而会在无形中加重孩子的挫败感，增加孩子的心理负担，拉低孩子的逆商。

妈妈似乎听不懂我的话，总是抓不住谈话的重点，经常是我说了半天，她还不知道我的需求是什么，合着我是白费半天口舌了。

每次遇到问题向爸爸求助时，他总会说一大堆我听不懂的话："你要建立系统思维啊，你要解决问题就要先认识问题的本质。"听得我云里雾里的，感觉没有啥用。

沟通，是父母把观念传递给孩子的直接方式，也是孩子从父母那里获取认知的一种途径。亲子间的沟通是否顺畅，直接关系到亲子间能否和谐相处。有些家长抱怨孩子拒绝和父母沟通、听不进父母的话、喜欢和父母唱反调、不回答父母的问题、遇到事情不愿意跟父母说，其实，亲子间之所以会出现这些状况，并不单单是孩子的问题，父母的沟通方式也有问题。下面是几种常见的有问题的沟通方式。

1. 孩子求助，父母只顾着管教

当孩子遇到挫折，向父母开口求助时，有些父母就会抓住这个机会，对孩子进行管教，比如"现在遇到挫折可以求助父母，那以后呢？以后你还会遇到更多的挫折呢！所以呀，平时还是要好好学习，多看多学，才能不断增强自己处理问题的能力啊！""当初你要是听我的，现在就不会遇到难题了。你这孩子就是太犟，大人说啥都不听。你看，最后还不是得靠大人！"在这种管教下，即便父母帮助孩子解决了问题，也很难赢得孩子的好感，反而会因为喋喋不休的管教惹孩子厌烦，让孩子不愿再向父母开口求助。

2. 不把孩子的挫折当挫折，敷衍应对孩子的情绪

在大人眼里，孩子所说的那些挫折根本称不上是挫折，有的家长也确实不把孩子的挫折当挫折。因此，当孩子向他们诉说自己所遇到的挫折，想向他们求助时，他们经常会不以为然，完全不关心孩子因为遇到挫折而流露出的不良情绪。即便看到了孩子的不良情绪，他们也很难表示理解，因为他们认为孩子

所说的那些挫折根本不能算是挫折，从而对孩子的求助敷衍搪塞，直接伤害了孩子幼小的心灵。

3. 手机消息响个不停，不给孩子沟通的机会

因为工作的原因，有些父母的手机从不离身，消息一直响个不停，就连吃饭时，都在忙着低头回复消息。在这些父母面前，孩子的求助几乎是得不到回应的，即便是孩子愿意跟父母沟通，这些父母也很难将注意力从手机转移到孩子身上。时间长了，孩子也懒得找父母帮忙了，彼此之间也越来越难沟通了。

沟通，是父母和孩子建立亲密关系的纽带，也是父母给孩子传递勇气的桥梁。但是，沟通不是一件张口就来的简单事，而是有技巧的。就拿孩子遇到挫折这件事来说，父母若是能采取有技巧的沟通方式，那不但可以引导孩子找到战胜挫折的方法，还可以趁机增进亲子之间的感情。下面是给家长的几点沟通技巧建议。

1. 理解、接纳孩子的情绪，和孩子平视

孩子遇到挫折时，难免会表现出沮丧、苦恼、消极等负面情绪，这个时候理解并接纳孩子的情绪，是父母首先要做的事。想要理解并接纳孩子的情绪，父母就要先学会站在孩子的角度去看待挫折，从孩子的视角来分析挫折，从而能够更深刻地理解孩子的情绪，更能发自内心地接纳孩子的情绪。要知道，父母理解并接纳孩子的情绪，本身就是对孩子的一种尊重。

另外，父母在和孩子沟通时，万万不可摆出家长的架子，而是应该放下家长的架子，和孩子平视，让孩子感受到彼此之

间的人格是平等的,从而更愿意向父母敞开心扉,更能把父母的话听进心里。

2. 注意语速及表达方式,保证孩子跟得上、听得懂

有些父母可能是自身工作性质的原因,时间观念特别强,即便平时跟孩子沟通交流,他们也总是快速地表达自己的意见,甚至根本不等孩子说完,直接就告诉孩子要怎么做。这样的沟通方式对理解力有限的孩子来说,是非常不适合的。

父母在跟孩子沟通时,一要注意自己的语速,保证孩子的思维能跟得上;二要注意自己的表达方式,保证孩子能听得懂。只有在保证孩子能跟得上、听得懂的前提下,父母才有可能给孩子提供有效的帮助,才能逐步引导孩子找到解决问题的方法。

3. 拒绝命令式的语气,避免说教

当孩子遇到挫折,向家长求助时,家长不可借此来揭示孩子的短板,并企图抓住孩子的短板进行一番说教。此外,家长在指导孩子分析挫折的过程中,切记不能使用命令式的语气,如"你必须……""你应该……""你最好赶快……"等,这些命令式的语气会在无形中给孩子制造紧张感,且会将孩子的思维禁锢在某个圆圈里,容易让孩子没了主见。

鼓励孩子,给孩子直面挫折的勇气

挫折是孩子成长路上必然会遇到的。但是,由于孩子的阅历、眼界、知识、心理承受力有限,他们在挫折面前可能会手足无措,可能会感到害怕,甚至还可能会钻牛角尖,消极地认为自己根本无法战胜眼前的挫折,从而出现心理防线垮塌,做出一些伤害自己或他人的事情。

100米短跑比赛中,我输给了个子比我矮很多的同学,真的好丢人啊,我都没脸再去学校了。

我就是上课的时候走了一下神儿,结果老师却小题大做,竟当着全班同学的面批评了我好久。

不知道为什么,同学们总是忽视我,都不跟我玩,他们是不是不喜欢我呀?

输了比赛、被老师批评、被同学忽视等都是孩子可能会遇到的各种挫折。然而,有些孩子并没有直面挫折的勇气,在挫折面前,他们会表现得很自卑、很沮丧、很害怕、不知所措,这些消极的表现会促使孩子选择逃避挫折。

当孩子不敢直面挫折时,他们会有哪些消极表现和心理呢?

1. 逃避上学——妈妈,我不想去学校!

"妈妈,我不想去学校!我不要去学校嘛!"一个小女孩哭着对妈妈说。"宝贝,你先别哭,你慢慢地告诉妈妈,为什么不想去学校啊?"小女孩的妈妈蹲下来,帮孩子擦干眼泪,轻声地问道。"因为我在学校都没有朋友,但是大家都有朋友,就我一个人是孤零零的。"原来孩子不想去学校是因为无法面对"没有朋友"这个挫折啊!

孩子在学校学习、交友,必然会遇到各种各样的挫折,比如比赛输了、考试成绩差、不被同学欢迎、被老师批评了、和同学翻脸了、没有朋友等。对于那些没有勇气面对挫折的孩子来说,每当他们在学校遇到了挫折,他们就会想方设法地选择逃避,比如他们会假装生病,或直接告诉家长自己不想去学校。

2. 不敢回家——在学校闯祸了,不敢回家,要不离家出走吧!

有些孩子比较淘气,经常在学校闯祸,可闯了祸又害怕被老师、父母惩罚,一时不知该怎么办。另外,孩子对自己所闯的祸没有准确的认识,本来事情不大,可一听到老师要求请家长,他们就以为自己犯了很大的错,因而会害怕告诉家长,会不敢回家,甚至还会产生离家出走的想法。

"我在学校闯了祸,不敢回家,要不我离家出走吧!"一个小男孩因为踢球踢碎了学校的玻璃,老师说要让家长来学校赔偿玻璃的钱,孩子一听要父母来学校,顿时就慌了,连家都不敢回了。

有些家长认为,孩子还小,还没有到应当承受挫折的年龄,没有直面挫折的勇气也是可以理解的。但是,可以理解并不代表孩子可以没有直面挫折的勇气,这是两个不同的概念。每个人都会遇到挫折,每个人都应该拥有直面挫折的勇气,孩子也不例外。因此,当孩子遇到挫折时,家长与其直接告诉他要怎么处理或直接替孩子解决,不如多鼓励孩子,让孩子自己去面对挫折,以培养孩子直面挫折的勇气,具体方法如下。

1. 告诉孩子遇到挫折时别慌,先清理负面情绪

在挫折面前,孩子容易慌了阵脚,这跟他们的经历、知识、心理承受力以及对挫折的认识有关。通常情况下,孩子在遇到挫折时,首先会被各种负面情绪困扰,或是恐惧,或是焦虑,或是烦躁,或是郁闷,等等,而这些负面情绪往往是他们失去勇气的关键。这个时候,告诉孩子别慌,帮助孩子及时清理负面情绪,就是父母能给孩子的最好的鼓励。

面对挫折时能保持冷静、坚强、勇敢的心态,必然离不开孩子乐观、积极、正向的情绪。因此,当孩子遇到挫折时,父母能站在孩子背后给予鼓励,能让孩子意识到负面情绪的消极意义,这本身就是一种鼓励。

2. 告诉孩子不管结果如何，敢于直面挫折就会收获成长

只要孩子敢于直面挫折，不管最终的结果如何，孩子都必然会在挫折中收获成长。因此，当孩子遇到挫折时，父母应该鼓励孩子勇敢地面对挫折，一不要慌，二不要在乎结果，三不要害怕失败，让孩子踏踏实实地、一步一个脚印地去战胜挫折。这个战胜挫折的过程，将会成为孩子一生的财富，能够帮助孩子更理智地看待挫折，更正确地认识自己，从而从内心深处获得成长。

3. 告诉孩子最扎实的幸福力，只能在挫折中获得

挫折，不但可以让孩子得到锻炼、获得成长，还可以让孩子收获幸福，变得更加乐观。或许，在家长替孩子解决问题的时候，孩子能够获得一些幸福感，但那种幸福并不扎实，而且是转瞬即逝的。若孩子通过自己的实力来解决问题，那他所收获的幸福就会更加扎实，也更加持久，而且这种幸福力会带给孩子更多的自信和勇气，让他不惧挫折，让孩子成长的步伐变得更加坚定。其实，父母给孩子鼓励，让孩子拥有直面挫折的勇气，就是给孩子机会，一个从挫折中收获扎实幸福力的机会。

积极开导，培养孩子清除灰色记忆的能力

在挫折面前，孩子是最容易储存灰色记忆的。一是因为孩子的心理承受能力有限，二是因为孩子的自我恢复能力和排解不良情绪的能力不强，三是因为孩子受限于处理挫折的知识和实力。因此，每每遇到挫折，孩子就会自动过滤掉那些愉快的记忆，最终储存下来的全是各种令人不快的灰色记忆。

为什么我总是这么倒霉啊？考试没考好就不说了，作业本还被猫抓破了，这日子还让不让人愉快地过了。

别人家的孩子，从来都没有遇到过什么挫折，为什么我就得面对那么多挫折啊？在学校被老师批评，在家被姐姐欺负，老天对我真是太不公平了！

当孩子接二连三地遭遇挫折时，他的整个抗挫折能力是下降的，他的内心会愈加消极，脑子会被各种不好的记忆填满，

进而选择抱怨挫折，逃避挫折，甚至还会想当然地认为是别人给自己带来了挫折，把自己糟糕的状态、情绪、生活、学习等全部一股脑地抛给别人，将自己置身事外，具体表现如下。

1. 受害者心理作祟——"为什么倒霉的总是我？"

遇到挫折时，有些孩子只能看到挫折给自己造成的困扰和负面影响，他们会特意关注那些糟糕的、令人不开心的情况，并为此而闹心、抱怨，让自己陷入消极负面的情绪中，有意去强化受害者心理。

"为什么倒霉的总是我？"正在被老师罚抄错题的 10 岁小男孩在心里嘀咕道："老师就是不喜欢我，才故意罚我的，要不然他怎么不罚其他人，单单罚我呢？"他不知道的是，他被罚抄的这道题，老师曾多次在课堂上强调过，且全班就他一个人错了，而且还是一错再错。老师罚他抄写，不过是为了让他长点儿记性罢了。

2. 习惯将挫折抛给他人——"我遇到麻烦了，你必须帮我。"

有些孩子总是习惯于把自己的快乐依附在他人身上，也善于将自己的挫折抛给他人。他们遇到挫折时，首先想到的是"我应该找谁帮我解决"，而不是"我要怎么才能解决眼前的挫折"。那些善于将挫折甩给他人的孩子，责任意识和抗挫能力都很低，即便他们的人生遭遇了失败，他们也只会认为那是别人的问题，跟自己无关，好像遭遇失败的不是自己一样。

"我在学校遇到麻烦了，妈妈您必须得帮我，不然我就不去上学了。"8 岁的小女孩在学校和好朋友吵架了，害怕好朋友从此不再跟自己玩耍。于是,她便将这件事抛给妈妈,并以不去上学相威胁,想让妈妈出面帮自己解决。

挫折,在有些孩子眼里,就是碍眼的绊脚石。只要遇到挫折,孩子的心里就堵得慌,脑子里也会新增更多的灰色记忆。这个时候,父母要做的不是赶紧帮孩子清理绊脚石,让孩子省心,而是应当积极开导孩子,及时培养孩子清除灰色记忆的能力,具体做法如下。

1. 引导孩子转变意识,纠正受害者的心理错觉

我们做出的每一个经意或不经意的动作,其实都受到了自我意识的内在推动,而我们的自我意识又常常取决于我们的心态,即意识决定了行为,而心态又决定了意识。因此,想要让孩子积极地应对挫折,眼里不再只有挫折所带来的困扰和烦恼,就要先纠正孩子受害者的心理错觉,改变孩子应对挫折的心态,用积极、正向的方法引导孩子转变思维方式,从而让孩子能够更理智地看待挫折,在挫折中学会坚强、学会担当。

2. 不要抓住倒霉和烦恼不放,及时扔掉垃圾记忆

再高质量的生活环境,一旦囤放了过多的生活垃圾,那生活质量也必然会直线下降,一来是因为垃圾本身所散发的难闻气味会影响空气质量,二来则是因为垃圾所招来的苍蝇会干扰正常的生活状态。同样的道理,精神上的垃圾存储得多了,也势必会严重影响孩子的身心健康及正常成长,而不愉快的灰色记忆就在精神垃圾的范畴内。

因此,当孩子遇到挫折,总是不断地抱怨自己倒霉,过多

地强调自己的烦恼时,父母要及时中断孩子这种重复抱怨自己倒霉和烦恼的行为,以免强化孩子的灰色记忆,增加孩子的精神垃圾。同时,家长要帮助孩子转移注意力,及时扔掉精神上的垃圾,让孩子身心放松、健康成长。

3. 引导孩子正确认识自我,积极面对挫折

当孩子的自我认知出现偏差,对自我的认知不到位时,他是很难在挫折面前保持应有的理智和自信的。为了帮助孩子更客观、更理智地面对生活或学习中的各种挫折,父母要主动引导孩子正确认识自我,协助孩子正确地给自己定位,让孩子在挫折面前保持不骄不躁、镇定从容的态度,从本质上提升应对挫折的底气和自信。

即使抗挫失败，也要从失败中吸取教训

挫折，本来就是上天送给每个孩子的垫脚石。每一个认真对待挫折的孩子，即便最终没有战胜挫折，也必然会在挫折中得到锻炼、收获成长。其实，挫折教育的重点并不是战胜挫折，而是应对挫折的过程。所以，父母应当告诉孩子：大可不必因为抗挫失败而沮丧、自卑、自责。

为了克服睡懒觉的习惯，我想了很多办法，比如多设几个闹钟、让妈妈强制要求我起床、晚上早睡等，可最终还是失败了，唉！我可真是太没出息了。

为了能记住英语单词，我每天特意多抽一个小时来背英语单词，可一个月下来，我能记住的单词依然寥寥无几，瞬间对自己好失望啊！

在挫折面前，孩子没有退缩，而是选择勇敢地与挫折斗争，

这本身就足以证明孩子是勇敢的，是不惧挫折的。但是，孩子最终能否战胜挫折，不单单取决于孩子的勇气和自信，还与孩子的身体素质、心理素质、自我控制能力、学习能力、智力水平以及对社会的认知等各种综合因素有关。下面简单地介绍几种相关因素。

1. 父母过高的期待，是压垮孩子的主要因素

当孩子不惧挫折，敢于直面挫折时，父母的内心是自豪的。有的父母会因为太过自豪而无意间对孩子流露出很高的期望，无形中给了孩子很大的压力，改变了孩子应对挫折的初衷。"爸妈对我的表现那么满意，我一定要战胜挫折，不然爸爸妈妈会失望的。"在这种心理下，孩子的精神压力、心理负担都会有所增加，很容易因为中途新出现的挫折而情绪奔溃，最终抗挫失败。

2. 固定的思维模式，本身就是一种胆怯的表现

思维模式固定的孩子，智力和实力都是有限的，即便他们选择了直面挫折，但底气和自信还是有所欠缺的。从一开始决定面对挫折开始，他们的内心就开始害怕失败，也就是说，在挫折面前，他们其实是胆怯的。

"我尽力了，但是我真的做不到。"思维模式固定的孩子常常会觉得自身智力和实力不足，而在内心多次否定自己。他们常常会选择待在自己的舒适圈内，选择一些比较简单和轻松的事来做。因此，只要挫折稍微大一些，他们就很容易再次受挫。

3. 心理素质不佳，极易被挫折打倒

心理素质不佳的孩子，情绪极易被挫折左右，且受挫之后的复原能力相对要弱些，很难从挫折中获得成长。

如果孩子能够将每一次挫折都当成一次学习的机会，谦虚、认真地从挫折中学习知识和技能，培养自己成长型的思维模式，那不管最终抗挫是成功还是失败，都不会对孩子抗挫力的高低造成负面影响，而且抗挫的最终结果对孩子也没有太多的实质意义。因此，当孩子抗挫失败时，家长要引导孩子尽快从挫败中恢复状态，及时吸取失败的教训，重新制定应对挫折的策略，下面是一些帮助孩子恢复状态的具体方法。

1. 引导孩子战胜挫折

当孩子满怀信心地面对挫折时，家长可以为孩子感到自豪，但不可以因为孩子不惧挫折而对孩子寄予很高的期望，以免在无形中增加孩子的身心压力。明智的家长在看到孩子不惧挫折时，会在称赞孩子的同时让孩子明白不惧挫折不等于一定要战胜挫折，让孩子提前为抗挫结果做好心理准备。同时，他们还会引导孩子注重体验应对挫折的过程，正确看待最终会取得的或好或坏的抗挫结果，让孩子能够踏踏实实地、一步一个脚印地去应对挫折。

2. 调节孩子抗挫失败后的消极心态

挫折，不但能够考验一个孩子的心理承受力，还能展现他的心理平衡度。当一个孩子能够勇敢地面对挫折，且在抗挫失败后还能继续保持乐观、积极的人生态度，不因此而认为自己

一无是处,依然有勇气直面新的挫折时,我们就说这个孩子具有较强的心理平衡能力,他的心理平衡度较好。

有些孩子单单是面对挫折,就已经用光了所有的勇气。因此,当他们抗挫失败时,他们会表现得十分难过、沮丧、绝望,他们会因此而认为自己一无是处,会开始怀疑自己存在的意义。这时父母不仅要让孩子明白:抗挫失败,不代表他一无所是,还要让孩子从其他事情上找到价值,以让孩子的心理获得一定的平衡,从平衡中找到更多的自信。

3. 培养孩子的成长型思维模式,助孩子愈挫愈勇

思维模式固定的孩子,大多会囿于自己的舒适圈,行为大都比较保守,面对挫折时,他们只会选择一些简单的、轻松的事情来着手,很难从中获得真正的蜕变和进步。与固定思维模式不同的是,成长型思维模式的孩子更愿意挑战自己,他们的思维活跃,想法新颖,敢想敢做,潜力很大。因此,在孩子的挫折教育中,父母要着重培养孩子的成长型思维,让孩子在挫折中不断进步,即便抗挫不成功,也依然能够坚定脚步,相信自我,愈挫愈勇。

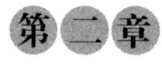

提高耐挫力，
从建立孩子的积极心理开始

抗挫折，是孩子成长的必修课。每一个孩子，不论家庭出身、学习成绩、性格特征、知识储备如何，都必然会遇到各种各样的挫折。然而，并不是每个孩子都能够积极乐观地应对挫折，也不是每个孩子都能从挫折中获得成长。提升孩子的耐挫力，帮助孩子建立健康积极的心理，便是本章的主要目的。

及时排解失败心理，才会看到成功的曙光

失败，乃人生常态，理应用平常心来对待。但是，鲜少有人能够在失败面前保持平常心，尤其是孩子，若父母再不及时帮孩子排解，那这种失败心理必然会长期伴随孩子，给孩子的正常生活和学习带来一些不好的影响。另外，如果孩子的失败心理长期得不到排解，必然会给孩子的内心造成一定的阴影，这个阴影会消减孩子再次面对挫折的勇气，从而使孩子失去体验成功的机会。

我觉得我自己挺聪明的，只要稍微用点儿心，肯定能进班级前三。于是，我就跟妈妈打赌，赌我期末考试一定能进前三。然后连续好几周，我都把心思全部放在学习上，非常用功。可期末考试成绩竟然没比平时高出多少，真的好丢人呀！

> 我鼓起勇气报名参加六一儿童节的单人歌唱节目，但是在舞台上忘词了，一着急我就当着全校师生的面在舞台上哭了，从那之后，我就再也不敢在公共场合说话、唱歌了。

人在失败的时候，经常会伴有各种失败心理，如伤心、失望、羞耻、丢人、悲观、自卑、胆小等，尤其是那些从来没有独自应对过挫折的孩子，一旦遭遇失败，就很容易形成极端的失败心理，从而其身心健康在一定程度上受到影响。那么，失败心理会给孩子的身心带来哪些消极、负面的影响呢？

1. 强化自卑心理：令孩子感到卑微、渺小、无能

成功有成功的喜悦，失败有失败的心理，人是感性的，无论成功还是失败，都会有相应的情绪和心理反应。一般情况下，成功与喜悦都有益于孩子的身心健康，而失败与失败的心理则大多对孩子的身心健康不利。

卑微、渺小和无能总与失败心理如影随形。当孩子遭遇失败时，他们的身体和心灵都会受挫，自然而然就形成了失败心理。他们会认为自己很卑微、渺小，自尊心严重受挫，若周围人再投来异样的眼光，那他们就会更加笃定自己是卑微的、渺小的。

2. 否定自己：仅失败一次，就永远给自己打了"×"

有些孩子常常瞧不起失败的同龄人，也接受不了自己的失败。在他们的眼里，失败了就是能力不行、脑子笨。哪怕是

在自己不擅长的领域失败，他们也会在心里给自己打个鲜红的"×"，自此认定自己很笨，然后在某方面把自己永远否定了。比如，当孩子在歌唱比赛中因为紧张而忘词，导致比赛成绩很差时，他就会在心理认定自己不行、没出息，连几句歌词都记不住，这种消极心理并不利于孩子建立积极、乐观、好奇的生活态度。

3. 自我放弃：孩子紧盯自己的不足

这是一个看重结果的时代，也是一个以结果论成败的时代，结果就是说服力最强的证据。失败是一种结果，还是一个能说服孩子主动放弃自我的有力证据。由于孩子自身的知识和视野有限，他们考虑问题的宽度和广度都会受到限制，一旦遭遇挫败，他们就很容易将目光停留在自己的短板和不足上。此时，一旦他们心里产生放弃的想法，那他们选择放弃的概率就会增大很多。

失败本来是人生的财富，可是因为人的心态各异，失败本身的意义也因此而大打折扣。有的孩子自尊心强、好面子，一时难以排解失败心理。为了减少挫败感，他们会在经历一次挫败后，主动放弃自我，从而与成功无缘。每一个孩子都必然会遇到挫折，遭遇挫败感也是难免的。因此，父母要帮助孩子及时排解失败心理，让孩子有更多的勇气去挑战更多的挫折，有机会体验更多的成功，获得更多的成就感，从而变得更加自信，具体做法如下。

1. 引导孩子淡化失败的结果，拆解失败的原因

遭遇失败了，有些孩子只会麻木地沉浸在自己的悲伤和失望中，以至于都忘了失败是有过程的，且失败的原因就藏在这个过程中。这个时候，父母应该转移孩子所关注的重点，将孩子的注意力从失败的结果转移到失败的原因上。只有发现原因，孩子才能更有目标地去提升自己。父母可以通过让孩子陈述失败、列出导致失败的原因的方法，帮助孩子淡化失败的结果，拆解失败的原因。

2. 情感上，做孩子的支持者；行动上，做孩子的导师

父母是和孩子朝夕相处的人，是最能和孩子建立亲密关系的人，也是孩子最信任的人。因此，当孩子遭遇失败，心里受挫时，明智的父母是不会对孩子冷嘲热讽的，更不会因此而惩罚或故意疏远孩子。他们会耐心地对孩子进行疏导，帮助孩子排解失败心理，让孩子对失败有更正确的认识，做孩子情感上的支持者。在行动上，他们会以身作则，失败了也不气馁，继续积极应对工作和生活，给孩子树立应对失败的良好榜样。他们不只会用嘴告诉孩子失败不可怕，还懂得用行动去感染孩子，潜移默化地改变孩子应对失败的态度，成为孩子应对挫折的人生导师。

克服依赖心理,是应对挫折的重要保障

当您的孩子什么事都不想自己动手、做什么都没有主见、一刻也不愿意和大人分离时,您可就要注意了,他可能已经有了严重的依赖心理,他的独立意识正在被慢慢吞噬,他应对挫折的勇气也正在逐渐消失。

妈妈,快来帮我整理今天上课要用的课本呀!

爸爸,您陪我一起上课好不好?我不想一个人留在学校。

以上这些都是孩子可能有依赖心理的表现,这些孩子或是离不开父母,或是做什么事都要父母陪着。他们一遇到挫折,就会本能地对父母喊:"爸爸/妈妈,快来帮帮我呀!"就这样,他们学会了将一切事情都甩给父母。但是,成长是孩子自己的事,父母是无法代替的。若由着孩子的依赖心理任意滋长,那孩子在挫折面前就永远学不会独立面对。

孩子依赖心理过强，会对他应对挫折的态度产生消极影响，主要表现在以下两个方面。

1. 应对挫折时有行为和思维惰性

依赖心理强的孩子，都有两个很明显的特征：一是行动不积极，二是懒得动脑子。因此，他们一遇到挫折时，第一时间想到的是大人，而不是自己要怎么做才能解决眼前的挫折。也就是说，依赖心理强的孩子，行动、思维都会有惰性，时间久了，依赖就会成为惯性，依赖心理也会随之增强。

由于孩子依赖心理过强，一遇到挫折就想着找大人，一旦大人不在身边，这些孩子就会在挫折面前不知所措，情绪容易崩溃，就会产生很强的挫败感。孩子抗挫心理越弱，就越畏惧挫折，越想逃避挫折，越无法直面挫折。

2. 直面挫折的独立意识减弱

每个人都是独立的个体，所以在教育孩子的过程中，尊重并培养孩子的独立意识是非常重要的。一个依赖成性的孩子，可能连鞋带开了这样的小事也要哭着让父母帮忙系上，由此可以想象，他们在遇到挫折时会有多绝望。

当孩子依赖成性时，他们的独立意识就会逐渐减弱，不论做什么事，他们都喜欢被人支配，尤其是被家长支配。他们把家长看成了自己的靠山，做什么都喜欢家长一步一步指导着自己，陪自己到最后，哪怕只是遇到一丁点儿挫折，他们也会等着父母给自己指导。慢慢地，他们在遇到挫折时就学会了等待，自己应对挫折的独立意识就慢慢弱化了。

其实，挫折对每个人来说是不同的，大人有大人的挫折，小孩有小孩的挫折。对孩子来说，挫折可能是一道不会解的数学题，也可能是拧不动的瓶盖，或许这些挫折在大人眼里都只是小事，可在孩子眼里却是实实在在的困难。只有帮助孩子克服依赖心理，孩子才能更积极、更勇敢地应对挫折。

对依赖心理很强，一遇到挫折就直接抛给大人的孩子，家长们可以尝试用以下方法帮助孩子克服依赖心理。

1. 在挫折面前，鼓励孩子动动手、动动脑

懒得动手、动脑是孩子依赖心理强的主要特征，尤其在挫折面前，表现得极其突出，孩子恨不得让家长帮自己全部搞定。这个时候，家长可以引导孩子自己动手，且在动手过程中有意引导孩子动脑，比如"现在我们该怎么办呢？你有什么想法吗？"家长要多给孩子一些耐心和时间，不要急不可耐地告诉孩子标准答案，要让孩子慢慢地树立独立意识。

2. 孩子自己的事让他自己拿主意

在教育孩子的过程中，家长切不可对孩子的事情大包大揽，比如今天要穿什么衣服，要从哪个科目开始学习，要怎么去学校，要怎么安排周末，要怎么处理同学之间的冲突……这些事情完全可以由孩子自己拿主意，家长无须过多干涉。

3. 忍心看孩子碰壁

当一个依赖心理极强的孩子遇到挫折时，常常会崩溃大哭，有些父母见不得孩子哭泣、难过，有些父母则是不忍心看到孩子碰壁、失败的样子，总忍不住要去帮助孩子，这其实是在变

相地增强孩子的依赖心理,是在怂恿孩子遇到挫折就放弃。因此,家长要适当学会狠心,这样才会让孩子从挫折中站起来,收获成长。

摆脱孤僻的困扰,每一个孩子都能够融入集体

在大多数人的眼中,孩子好奇心强、想象力丰富、充满活力、爱玩爱闹,鲜少有人会将孩子与孤僻联系在一起。在很多父母的潜意识里,孩子都是成群结队、你追我赶的,他们都喜欢扎堆在一起玩耍。只有极少数父母会注意到,孩子也会遇到无法融入集体、性格孤僻的挫折。

孩子平时上学、放学都是孤零零的一个人,我都没见过他跟哪个小朋友一起玩过,他好像就没朋友。

一开始我以为孩子不主动和人打招呼就是因为内向、不爱说话,直到后来,我发现孩子遇到熟人时总是绕着路走,我才意识到这可能不单单是内向、不爱说话的问题了。

 我们家孩子从来都不参加集体活动,整天就只知道看书、学习,感觉有点儿不太合群。

没有朋友、不和人主动打招呼、遇到熟人绕路走、不参加集体活动、不合群等,都是孩子孤僻的表现。这些表现会给孩子的成长带来多方面的负面影响,比如会导致孩子做事不专注、不懂得分享、情绪难以控制、做事不懂坚持、融不进班级群体、语言发育迟缓、理解能力不强等。那么,导致孩子性格孤僻的原因究竟有哪些呢?

1. 家庭环境不温馨,家人关系不和谐

家庭环境和家人关系是导致孩子孤僻的首要因素。家庭环境杂乱无章,房间不整洁,父母情感不和,动不动就冷战、吵架,这些都会导致孩子没有安全感和归属感。

如果一个孩子连在自己家中都没有安全感和归属感,那他要怎么从其他环境中获得安全感和归属感呢?一个连安全感和归属感都没有的孩子,又将从哪里获取对社交的自信心呢?一个对社交没有自信心的孩子,又怎么有勇气融入集体生活呢?

2. 过度保护孩子,父母对孩子极其不信任

父母对孩子管得太多或太严,都可能会导致孩子性格孤僻、无法自立。有的父母不相信孩子能一个人去上学,不相信孩子能独立完成作业,不相信孩子有做家务的能力……不管孩子做什么,他们都总是对孩子表现得极不信任,然后会过多地干扰

孩子，甚至会直接帮孩子做决定，帮孩子解决困难。

这些被父母过度保护的孩子，性格大都比较内向，很少有自己的主见，对父母有很强的依赖心理，毫无自信。这样的孩子喜欢躲在父母身后，经常封闭自我，时间久了，就变得孤僻了。

3. 父母太忙碌，对孩子缺乏关心

有些父母总是过于忙碌，他们把太多的心思都花在工作或家务上，以至于都没有时间好好陪伴孩子。在这种亲子氛围下，有些孩子会主动拿自己去和父母所做的工作、家务相比较，他们会认为自己没有工作、家务重要，会觉得自己不值得被父母关心，从而变得更加焦虑和自卑，性格也因焦虑和自卑而变得更加孤僻。

每一个孩子都不会无缘无故地孤僻，且每一个性格孤僻的孩子都拥有融入集体的权利。为了不让孩子变得孤僻或想要帮助孩子改变孤僻的性格，每一位家长都需要多在孩子身上花费一些心思，给孩子更多有质量的陪伴和沟通，用爱和关怀帮助孩子建立安全感和归属感，从而让孩子变得更加自信、乐观，具体可以从以下几点入手。

1. 打造温馨和谐的家庭，助力孩子健康快乐成长

家，是孩子获得安全感和归属感的地方。夫妻感情和睦、不吵不闹不冷战；家中大小事务都施行民主政策，鼓励孩子积极发表自己的主观意见；遇到事情，孩子可以自由地发挥想象，思维不受束缚；父母愿意花时间陪孩子聊天，亲子间的关系和

睦……在这种温馨和谐的家庭环境中，孩子不但能够拥有幸福的生活，还能拥有健康的心态和健全的人格。

2. 放下手机，给予孩子高质量的陪伴

大多数父母都知道陪伴对孩子的重要意义，他们也愿意花时间去陪伴孩子。遗憾的是，他们的陪伴大多是无效的，甚至还可能会给孩子造成一定的心理负担，让孩子无法随心所欲地玩耍。

真正高质量的陪伴，不是大人在看自己的手机、孩子在玩自己的玩具，而是大人主动放下自己的手机，愿意全身心地陪孩子一起玩，一起交流想法。在这个过程中，孩子会感受到自己在父母心中的重要位置，他的内心会不断地建立安全感和自信心，变得更加勇敢和自信，直接从内心深处打破孤僻心理屏障。

3. 教孩子学会交朋友

导致孩子性格孤僻的因素除了家庭、父母之外，还有孩子自身的原因。有些孩子很自私，不愿意和他人分享自己的玩具、食物；有些孩子很不懂礼貌，会随口辱骂同龄人，或者强行霸占别人的玩具；有些孩子不善表达，不懂得如何表达自己的想法和意愿……于是，他们或是被别人孤立而变得孤僻，或是自己将自己封闭起来。

针对这类性格孤僻的孩子，父母首先要做的就是教孩子学会交友规则，比如使用礼貌用语、尊重他人、懂得分享、学会表达、遇事不采取暴力手段……先帮助孩子交到朋友，再慢慢引导孩子与朋友相处，直到能够自然地融入集体。

正确认识逃避，敢于面对挫折才是真的强大

逃避挫折要比应对挫折轻松许多，而且逃避挫折还能在一定程度上隐藏自我实力，保护自我价值，消减焦虑情绪和自我挫败感。因此，有些孩子在遇到挫折时，常常会选择逃避，完全不给自己时间和机会去体验、感知挫折，从而失去了增强抗挫力和心理承受力的机会。

早上数学测试时，我骗老师说自己身体不舒服，题还没做完就请假回家了。其实，我并没有不舒服，我只是看到很多题我都不会，生怕拿低分丢人，才找了一个身体不舒服的借口。

英语语法那么复杂，学起来多伤脑筋，而且我本来就很笨，学了也不会，干脆就不学了。

为了维护自己的面子和自尊，有些孩子在遇到挫折时，想都不想就直接选择放弃，甚至有的孩子还提前给自己找好了借

口，让别人相信并不是自己能力不行，而是客观因素所迫，不得不选择放弃。久而久之，孩子在逃避中尝到了轻松的甜头，就会在挫折面前表现得力不从心，甚至会丧失直面挫折的勇气，变得更加不独立。那么，导致孩子选择逃避挫折的原因有哪些呢？

1. 思维上的惰性导致行为上的逃避

人的行为和思维之间是有必然联系的，很多时候，人的肢体所做出的各种行为都是由人的思维支配的，而这些行为所取得的结果又常常会反作用于人的思维。就拿孩子逃避挫折来说，孩子因为思维上的惰性，不愿意更深入地分析问题，从而选择直接逃避挫折；当孩子发现逃避挫折并没给自己带来任何损失，反而能缓解自己的焦虑时，他的潜意识就会对惰性思维方式产生认可，遇到挫折时也习惯性地保持惰性思维和逃避行为。

2. 不相信自己，否定自我能力

面对挫折时，有些孩子会感到十分烦恼和恐慌，他们不相信自己有能力战胜挫折，更不相信自己有能力比他人做得更好。于是，他们会习惯性地选择逃避，以图短暂地缓解自己的焦虑和恐慌情绪。这种逃避是孩子缺乏解决问题能力的体现，也是孩子对自我能力的一种否定，是孩子不自信的表现。比如，孩子害怕自己不能取得理想的成绩，而谎称身体不舒服，企图逃避考试的行为，其实就是一种对自我能力的否定。

3. 为了博得他人同情和接纳的潜意识在作祟

每个人都希望自己能够被别人热情地接纳，潜意识里都渴望得到别人的关心和同情，孩子也一样。然而，由于孩子的生理和心理都尚未发展健全，他们可能会使用一些不太正确的方式来博得别人的同情和接纳。比如，当孩子找借口逃避挫折时，他们常常会以身体不太舒服为由，一方面可以博得大家的关心和同情，另一方面还可以让自己心安理得地逃避挫折，可谓一举两得。

不管孩子出于什么原因而选择逃避挫折，都无法改变逃避是一种消极的心理防御机制的事实。这种消极的心理防御，的确可以在一定时间、一定程度上降低孩子的挫败感，但时间久了，必然会引发消极的行为、消极的情绪、消极的想法等，不利于孩子积极健康地成长。因此，父母要引导孩子正确认识逃避，帮助孩子建立强大的内心，具体可从以下几方面着手。

1. 引导孩子建立明确的动机，善始善终

动机不明确，是多数孩子逃避挫折的根本原因。动机，是引发人类行为的直接动力，能够给人以内在的力量，推动人去勇敢地面对挫折。有些孩子克服挫折的动机并不明确，从而经常对挫折表现得力不从心，遇到挫折会习惯性地选择逃避。引导孩子建立明确的动机，让孩子意识到做事、战胜挫折的意义，教导孩子善始善终，是父母引导孩子正确认识逃避的一种方法，是帮助孩子建立明确目标、培养孩子系统性思维的一种方式。

2. 告诉孩子挫折是连续不断的，今天逃避了，明天还会有

对个人来说，人生其实就是在各种各样的挫折中不断地寻找自我和方向的过程，而挫折就是让个人不断获得历练和蜕变

的成长因素。因此，父母要帮助孩子认识到：在人的一生中，挫折是连续不断的，今天逃避了，明天还会有新的挫折产生，逃避永远不会收到一劳永逸的效果，反而会为自己新增更多的挫折，比如让自己变成挫折型人格，让自己的内心变得更加脆弱，等等。

3. 协助孩子积极寻找战胜挫折的方法

有的孩子会抱怨说："我也不想逃避挫折，可是我实在是想不到战胜挫折的办法了，只能选择逃避。"诚然，对孩子来说，有些挫折确实是比较难的，凭孩子自己的实力，一时半会儿想不出应对办法。这个时候，父母要鼓励孩子向身边的人求助，告诉孩子办法总比挫折多，协助孩子想办法、查资料、向专业人士求助，做孩子坚强的后盾，给孩子勇气，让孩子敢于大胆地面对挫折。

远离消极攀比心理，不刻意比较才会获得快乐

一个人若想要攀比，那他就一定能找到可攀比的物品和对象。孩子之间，可以比学习成绩、比高矮胖瘦、比父母的工作、比出行方式、比学习用品、比穿着等。然而，这些攀比极大一部分都是消极的，大都是孩子出于虚荣心和嫉妒心理而做出的刻意比较，这种比较只会增加孩子的不安和自卑，让孩子产生更大的挫败感。

我的同桌背了名牌书包，我也要，凭什么别人可以背名牌书包，我就不能呢？

同样的学校，同样的班级，同样的老师，为什么她就能考那么好的分数，而我只能在及格线上徘徊呢？我不服。

在学校这个集体中生活的孩子，总免不了要和身边的同龄人比比这、比比那，这是他们快速意识到自己与其他小伙伴不

同的直接渠道，而生怕自己和别人不一样是这个年龄段的孩子们最害怕的事情。穿得没他人好，成绩没别人高，长得没别人漂亮，等等，都可以令智力尚未发育健全的孩子们感到挫败和不安。那么，导致孩子攀比的原因有哪些呢？

1. 孩子生怕自己和别人不一样：人有我也要有，人好我要更好

对心智和认知都处于不断发展中的孩子来说，和别的小伙伴不一样是最让他们烦恼的事。于是，为了证明自己和别人是一样的，他们总会刻意地拿自己和他人比，而且大多都抱着"人有我也要有，人好我要更好"的心态，生怕自己比不上别人。一旦看到自己和其他小伙伴之间存在偏差，且这个偏差一时无法缩减时，他们就会产生失落情绪，心里会因此而感到不痛快，甚至还会因此而产生挫败、嫉妒、自卑等多种消极心理。

2. 父母带头攀比：妈妈攀比，我也攀比

有些家长总喜欢拿自己去和他人攀比，什么都要拿来和他人比一比，如比房子、比车子、比职业、比孩子、比身材、比权势等。因为攀比，他们变得更加自卑；因为自卑，他们开始抱怨；因为抱怨，他们过得并不愉快。而和父母朝夕相处的孩子，经常会以父母的言行举止为榜样，他们将父母的所作所为奉为圭臬。于是，他们有意地去模仿父母的攀比、自卑、抱怨和不快乐，小小年纪就习惯了消极攀比。

3. 为了被看见：只有攀比，他人才会看到我

每一个孩子都渴望受到别人的尊重、被别人看到，而攀比

是他们受到尊重、被人看到的最快捷、最简单、最直接的方法。通过攀比，孩子可以从别人那里得到认可，从而建立优越的地位或心理。诚然，攀比可以让孩子获得短暂的认可和赞赏，但从长久来看，靠攀比来获得认可、获得优越地位或心理的做法，并不利于孩子树立正确的人生观和价值观。

其实，攀比也有积极和消极之分。消极的攀比可以给孩子带来很多危害和影响，而积极的攀比则可以给孩子带来不少积极的影响，比如可以帮助孩子更准确地认识自我，使孩子变得更加上进、更清楚自己的不足和短板等。因此，关于孩子攀比这件事，父母不能一刀切地完全禁止孩子有任何攀比的行为。父母要做的，应该是帮助孩子克服消极攀比的心理，引导孩子远离刻意攀比、消极攀比，让孩子更健康、快乐地成长，具体方法如下。

1. 转变孩子的思维，化消极攀比为积极攀比

一个人的思维方式决定了他的攀比动向，而攀比动向又决定了他的攀比心理。消极、虚荣、好强的思维方式常常会导致孩子盲目地攀比，从而让孩子产生更多的物质欲望，直接导致孩子心里不平衡，不利于孩子的身心健康。因此，父母要引导孩子学会转变思维方式，学会用赞美的眼光去看待别人的优势，用正确的心态去看待别人物质上的优渥，主动将消极攀比化解为积极攀比，从内心深处建立足够的自信。

2. 家长以身作则，不攀比、不抱怨

家长是孩子最直接的学习和模仿对象，家长的言行举止会

在潜移默化中影响孩子。因此，家长若不想让孩子产生消极攀比心理或者想让孩子远离消极攀比心理，就应该先让自己不攀比、不抱怨，努力提升自己的幸福感，再提升家庭的幸福感，努力为孩子营造一个健康幸福的家庭环境，以让孩子能够身心健康地成长。

3. 引导孩子在正确的领域建立优越感

有些孩子好攀比，大多都是源于内心的不自信。他们自尊心强，大多争强好胜，时时处处都希望自己是最强的；他们嫉妒心重，内心自卑，见不得别人在某方面比自己优秀。对于这种孩子，父母要做的就是引导他们在正确的领域建立优越感，而后从这些优越感中获得自信，比如饮食上不挑食、学习上勤动脑、生活上不偷懒等，让孩子的内心变得更加充实、自信和积极。

消除畏难情绪,适当打破孩子的舒适圈

遇到挫折时,有些孩子最先想到的不是想办法应对,而是想方设法地找各种理由逃避、拖延、退缩,或是过于依赖他人,我们把孩子在挫折面前选择逃避、拖延、退缩或依赖的态度称为畏难情绪。这是一种心理上的负面情绪,这种负面情绪非但不能提升孩子解决挫折的能力,反而不利于孩子的身心健康。

一个英语单词那么多个字母,我肯定记不住。

这篇课文那么长,还要求背诵全文啊?这怎么可能背得下来嘛!

任何人,在任何时候遇到挫折,选择逃避、拖延、退缩或依赖他人都要比选择直面挫折简单轻松许多。不直面挫折,一方面可以不必为挫折感到焦虑、伤脑筋,另一方面还可以待在自己的舒适圈内不犯错误或少犯错误,减少挫败感,这也是有些孩子在遇到挫折时,总是习惯性地选择退缩的根本原因。然

而，不直面挫折会在很多方面给孩子造成负面影响，单就学习方面，就可能会导致孩子对学习没兴趣、学习积极性不高、学习效率低。只有找到孩子产生畏难情绪的根源，家长才能更有针对性地帮助孩子消除畏难情绪。以下列举的几点是比较常见的让孩子产生畏难情绪的原因。

1. 家长、老师总是强调"别犯错误"

"仔细检查，别犯错误"是某些老师总向孩子强调的一句话，"专心一点，别犯错误"是某些家长经常对孩子说的一句话。于是，无论是在学校，还是在家里，某些孩子都被不断地灌输"别犯错误"的教育理念，以致孩子的潜意识里都以为自己是不能犯错的，犯错误就是不对，就是不优秀，就是不听话，从而不敢犯错，更不敢跳出自己的舒适圈去挑战一些可能会犯错的事情。在这种意识和心理状态下，孩子稍微遇到一点儿挫折，自然而然地就会产生畏难情绪，从而理所当然地选择逃避。

2. 孩子自身性格胆怯，缺乏主见

有些孩子性格比较胆怯，凡事都听父母、老师的安排，做事缺乏主见，家长常常责怪地说他们内向、听话、乖巧、认生，可言语神情中却满是自豪和溺爱，表面上看是责怪，实际上却是一种变相的称赞和炫耀。家长的这种表现在无形中肯定了孩子胆怯、无主见的性格，默认了孩子可以继续待在自己的舒适圈内，可以有畏难情绪，这会使孩子的畏难情绪加重。

3. 得失心重，输不起

输赢本就是人生常态，本应该以平常心去面对。但是，有些孩子得失心重，很看重输赢，而且常常表现得"输不起"。在这些孩子心中，输是没出息、没能力的结果，他们认为，输了就是败了，就不能见人了。于是，为了不让自己输，他们会选择一些自己力所能及的事情来做，始终让自己的身心都待在自己的舒适区内，不愿意也不敢去挑战那些自己无法预知结果的困难。久而久之，孩子应对挫折的能力不但得不到提升，反而会导致他的畏难情绪加重。

挫折，是每个孩子在成长道路上必然会遇到的坎，而畏难情绪则是孩子不愿意抬脚跨坎的关键因素，也是孩子失去体验挫折、收获成长的罪魁祸首。为了提升孩子的抗挫能力、独立能力，让孩子在挫折中收获成长，父母应该采取一些可行的科学方法帮助孩子消除畏难情绪，帮助他建立打破舒适圈的勇气，下面是给家长的几点建议。

1. 鼓励孩子不要害怕犯错，犯错也是一种成长

父母不能总跟孩子强调犯错误的严重性，更不能因为孩子犯了一个小错而完全否定孩子，并对孩子大加指责。古人有言："人谁无过，过而能改，善莫大焉。"因此，孩子犯错并不是一件后果很严重的事，只要孩子能在错误中发现问题、解决问题，那就能在犯错中获得成长。

当孩子遇到挫折时，家长要鼓励孩子不要害怕犯错，并允许孩子犯错，让孩子敢于打破自我舒适圈，勇于直面挫折，敢于试错，且在试错中主动探索解决挫折的办法，这样孩子就能在不断的挫折中获得成长。

2. 告诉孩子努力、进步的过程要比结果更重要

因为太在乎孩子所取得的成绩而忽视了孩子努力、进步的过程，是某些家长经常会犯的错误。家长的这种错误认知，不仅会直接误导孩子对过程和结果的正确认知，还会因为忽视孩子的努力和进步而打击孩子的自信心，硬生生地将孩子圈在自己的舒适圈里，不敢直面挫折。

其实，成绩只是对孩子在某个阶段的表现或对某件事情的处理结果的一个反映，不能完全和孩子的能力画等号。因此，家长不能简单粗暴地以成绩来评判孩子是否优秀、是否努力、是否进步。明智的家长会更加关注孩子努力、进步的过程，且认可、肯定孩子的努力和进步，他们会让孩子看到自身的价值，建立自己的自信，帮助孩子从内心深处彻底化解畏难防御心理。

3. 家长自己不"想当然"，不溺爱

部分家长极其擅长"想当然"，他们说："我是孩子的亲妈（亲爹），我不能让孩子吃苦。""孩子那么小，哪懂什么是挫折啊？"于是，他们总是热心地帮助孩子解决一个又一个问题，打着"关爱"的旗子剥夺孩子感受挫折的机会，丝毫没有意识到自己的行为是在纵容孩子的畏难情绪生长，并不利于培养孩子的抗挫能力和独立能力。从某种程度上说，这就是一种溺爱。

因此，想要鼓励孩子打破舒适圈，帮助孩子消除畏难情绪，家长自己要先抛弃"想当然"的惯性思维，做到不溺爱、不打击、不忽视。对于孩子的挫折，家长可以说说自己的做法和建议，但不能强迫孩子必须按照自己的做法或建议来，更不能想

当然地直接替孩子抗挫。正确的做法应该是尊重孩子的独立人格，给孩子提供建议，鼓励孩子自己去尝试解决，让孩子主动打破自我舒适圈，主动挑战挫折。

减少不必要的焦虑,乐观的孩子才能应对一切挫折

考试前半个月,孩子焦虑得吃不下饭、睡不着觉;演出还没报上名,孩子就开始担心自己不会演、不敢演;还没到新的环境,孩子就害怕自己被新伙伴孤立……以上这些都是孩子过度焦虑的表现。很多时候,这些焦虑非但不是必要的,反而还会给孩子造成一些负面影响,比如逃避挫折、情绪烦躁、注意力分散等。

快到期末考试了,好紧张呀!万一考得不好怎么办啊?爸爸会不会打我?老师会不会嫌弃我?妈妈会不会不爱我?

做作业时遇到一个不会的知识点,我都会特别紧张,会因此而想很多,比如,要是考试时遇到这个知识点会丢掉多少分,成绩排名会受到什么影响,越想越烦躁、越害怕。

烦躁、不安、紧张、悲观、消极、没有食欲、全身乏力、睡眠不佳、注意力涣散等都可能是孩子过度焦虑的表现，这些表现会使孩子在挫折面前表现得力不从心，甚至会产生畏难情绪，没有勇气独立面对挫折。那么，导致孩子焦虑的原因具体有哪些呢？

1. 孩子性格胆小，造就一颗焦虑的心

胆小的孩子在面对挫折时，常常会表现得很焦虑。一方面是因为他们本身没有战胜挫折的信心，另一方面则是害怕自己达不到家长或老师的期望。基于这两点，他们的心总是焦虑的，而这颗焦虑的心总是轻而易举地就使他们变成行动上的矮子，甚至完全不敢采取任何行动去应对挫折。

在面对挫折时，焦虑的心常常会使孩子想太多，无形中将挫折放大了许多。这对原本抗挫能力就有限的孩子来说，无疑是雪上加霜、难上加难，从而在挫折面前表现得乏力、无助，对挫折产生畏惧、逃避心理。

2. 孩子过度看重输赢也会导致过度焦虑

孩子的身体、心理、认知都处在不断发展变化之中，他们对输赢、成败的认识大都比较肤浅和片面，情绪经常会被输赢、成败控制。赢了、成功了，他们自然会很开心；可一旦输了、失败了，他们就会很受挫，焦虑心理也会应运而生。孩子一旦产生焦虑心理，就会变得更加胆小谨慎，甚至常常会失去主见，在挫折面前表现得手足无措，进而失去抗挫能力和心理承受能力。

3. 父母的高期望总是令孩子分外焦虑

导致孩子分外焦虑的原因不仅有孩子自身的，还有外在的压力。父母在孩子身上所寄予的高期望是孩子分外焦虑的最主要的外在压力。有些家长总是习惯性地把自己尚未完成的梦想或目标强加在孩子身上；有些家长则把所有的时间和精力都放在了孩子身上，目的是要让孩子成龙、成凤；有些家长则通过给孩子提供富足的物质生活，并以此来激励孩子要争气、要成功……在父母殷勤的期望下，孩子每遇到一个挫折，首先想到的就是万一自己失败了，父母会失望，自己将对不住父母。于是，他们就变得十分焦虑。

其实，人在焦虑状态下，是很难理智分析、思考问题的，内心的烦躁只会随着焦虑的心而变得更加强烈，眼前的挫折也会因为焦虑而变得更加困难。因此，父母应该帮助孩子减少或消除一些不必要的焦虑，让孩子变得乐观开朗一些，培养孩子不惧挫折、积极应对所有挫折的心态，让孩子变得更加勇敢和自立，具体做法如下。

1. 身心健康比成绩更重要，不要给孩子施压

健康的身心对孩子的成长非常重要。诚然，孩子的成绩与他的未来息息相关，但是再美好的未来也得建立在健康的身心上，否则这些美好就如海市蜃楼一般，都是虚假的。

因此，家长不能因为太过在乎孩子在各方面所取得的成绩而给孩子的身心施加各种有形或无形的压力，导致很多不必要的焦虑产生，不利于孩子勇敢面对各种挫折。

2. 尊重孩子的自我表达权，及时帮他排解心中的焦虑

不是每个孩子内心的焦虑都能及时得到排解，也不是每个父母都能够认识到孩子的焦虑心理。大多数时候，孩子的焦虑心理只能埋在自己的内心深处，不敢向人诉说，也无人可诉说。慢慢地，他们开始出现注意力涣散、睡眠不佳、食欲不振、烦躁、紧张、胆怯、畏惧等情况，而他们的父母却把这些表现看成是正常现象，并没有及时帮助他们排解心中的焦虑，以至于很多不必要的焦虑产生，进而不利于孩子的身心健康。

因此，每一位家长都要尊重孩子的自我表达权，给孩子自我表述的机会，可以每天或每周开一次轻松的家庭会议，由父母带头讲述当天或当周的不快和焦虑，以便及时了解孩子的心理，及时排解孩子心中的焦虑，鼓励孩子积极勇敢地面对一切挫折。

避免习得性无助的伤害，有自尊的孩子更健康

"习得性无助"是心理学上的一个概念，大意是指一个人在经历过多次失败之后，消极地认为自己永远不可能获得成功，从而主动选择放弃努力。显然，由这种消极心理状态所引起的思维模式是刻板的，而且这种认知态度也是不正确的，这其实是一种消极应对挫折的心理态度，是不利于培养孩子的自尊和自信的。

我每天跟同桌一起上课、一起学习，我们同样都很努力，可她总能轻易取得理想的成绩，并因此得到老师的夸赞，收获同学的羡慕，而我却只能取得一般的成绩，既得不到老师的夸赞，也得不到同学的羡慕。看来我天生脑子就不好使，再怎么努力也赶不上同桌。

> 别人玩耍的时候我在学习，别人睡觉的时候我还在学习，每一天，我都要比别人努力，花在学习上的时间也更多，可是我的成绩依然还是一般般，甚至还有倒退的迹象，这让我感到很绝望，对学习完全没有信心啊！

在一次次的努力之后，孩子的成绩依然不是很理想，甚至还有倒退的迹象，这很容易让孩子对自我产生怀疑，随之而来的便是各种消极叛逆的心态，比如厌学、不专心听课、扰乱课堂纪律、认为自己智商低下等，这些都是习得性无助带给孩子的伤害，容易致使孩子低自尊、低自信和低效能。

1. 低自尊："我是一个失败者"

受到习得性无助心理的伤害，有些孩子总是固执地认为自己是一个失败者，这其实是一种低自尊的表现。每每遇到挫折时，这些孩子的潜意识里就会冒出"我是一个失败者"的声音，进而不加努力并消极地选择逃避。此外，他们的嫉妒心理还比较强，看不惯别人比自己优秀，这些心理并不利于孩子的身心健康发展。

2. 低自信："我什么都不行"

"习得性无助"心理是建立在一次又一次的失败上的，这种重复失败的经历会不断地提醒孩子"我什么都不行"，以至于孩子的内心深处对自己"这也不行，那也不会"的潜在意识毫不怀疑，从而从内心深处逐渐失去自信，不愿再相信自己还有获得成功的可能。这种低自信的状态会消减孩子应对挫折的勇气，不利于帮助孩子建立积极健康的成长心理。

3. 低效能："我完不成那么高的目标"

有习得性无助心理的孩子，对自己所能应对的挫折常常是持怀疑态度的，他们不相信自己能够直面挫折，更不指望自己能战胜挫折。为了不让自己体验失败，他们常常会逃避挫折或降低自己的期望目标。和害怕失败的心理相比，成功在这些孩子心中大多是没有希望的，是不值得期冀的。因而，面对挫折，他们大多表现得漫不经心。

习得性无助心理会导致孩子出现低自尊、低自信或低效能的状态，不利于孩子勇敢地直面挫折，也不利于孩子身心的健康成长。为了不让习得性无助的心理扭曲孩子的认知、情感以及动机，给孩子的身心造成一定的伤害，父母务必要采取一些对策，以让孩子变得更有自尊、自信更足、上进心更强，下面是给父母的几点对策。

1. 引导孩子找到失败的外在因素

一般情况下，陷入习得性无助心理的孩子在遭遇失败时，总会习惯性地将原因归于自身，比如自己天生脑子愚笨、没有任何优点、手脚笨等，并因此感到内疚、沮丧，甚至不愿意继续努力，选择得过且过。然而，世间万事万物都处于不断发展变化中，计划总赶不上变化，很多外在原因也可能会成为失败的因素。

因此，父母可以尝试引导孩子将失败归因于外在的、具体的、不可控制的因素，以免孩子总盯着自身的缺陷而消沉、失望。值得注意的一点是，父母不能一股脑地将失败全都归于外因，以免让孩子学会推卸责任，不利于培养孩子的责任心。

2. 帮助孩子正确、客观地评价自我

对身边的事情充满好奇、喜欢探索，是大多数孩子正常的心理和行为。然而，有极少部分的孩子却没有这种正常的心理和行为，他们或是因老师的批评，或是因父母的责怪，或是因同学的嘲笑而感到焦虑、恐惧、自卑，无法客观、正确地评价自我，从而陷入消极、无力的习得性无助心理状态中。

对于这种情况，父母首先要先停止对孩子的责怪，帮助孩子更客观、更正确地认识自己。有习得性无助心理的孩子大多都不相信自己具备可以战胜挫折的能力，家长可以抓住这一点，适当地让孩子去处理一些稍微有点儿难度且他可以战胜的挫折，让他体验到战胜挫折的成就感，并及时指出、赞美孩子的优点，改变孩子对自我的过于消极和主观的负面评价，逐步让孩子能够更客观、更正确地认识自我。

3. 关注孩子的学习状态，及时调整孩子的不良学习习惯

有部分孩子会陷入学习努力、成绩却不理想的恶性循环中，他们不断地努力，却不断地取得令人失望的成绩，进而身心俱疲，对学习产生厌恶感，主动选择放弃努力。因此，父母要随时关注孩子的学习状态，及时发现孩子的不良状态，并努力帮助孩子化解学习上的困难，让孩子在学习上取得一定的突破和进步，帮孩子消除"我怎么努力都不行"的习得性无助心理，进而使其对学习更有自信和兴趣。

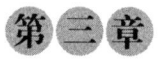

正视家庭中的挫折，
父母是孩子挫折教育的导师

我们总说家是港湾，是避风的地方，但其实家里也有挫折。在这些挫折面前，父母不再只是父母，还是孩子挫折教育的导师。父母要引导孩子正视家中的各种挫折，以保持身心的健康成长。本章主要从家庭暴力、亲人离世、父母离异、重组家庭、孩子生病、寻求帮助六个方面来呈现家庭中的各种挫折，并依次有条理地罗列了相应的对策，以供家长借鉴。

面对家庭暴力,及时疏导孩子的受伤心理

阿尔弗雷德·阿德勒说过:"幸运的人一生都在被童年治愈,而不幸的人一生都在治愈童年。"没有哪位父母希望自己的孩子是不幸的,更没有哪位父母希望自己的孩子生活在暴力家庭中。但是,生活难免会出现意外。孩子可能会在自己家或别人家目睹家庭暴力的情景,这时,家长就要及时对孩子的心理进行疏导,以免让孩子带着受伤的心理扭曲成长。

爸爸妈妈今天打架了,肯定是因为我不乖。

爸爸都可以打妈妈,我是不是也可以打小伙伴呢?

今天邻居家小孩被打了,爸爸妈妈会不会也那样打我呢?

以上是孩子在面对家庭暴力时，可能会出现的心理活动，相信多数家长看到这些心理活动时，都会大吃一惊！其实，对孩子来说，家庭暴力本身就是一个巨大的挫折，孩子能不能从这个挫折中走出来，积极、健康地成长，关键在于父母怎么处理。父母如果稍微处理不当，那孩子的心理就会受到严重的伤害，主要表现在以下几个方面。

1. 陷入强烈的自责、恐慌中

在孩子不清楚家庭暴力的真正原因时，他会以为爸爸妈妈打架或爸爸妈妈打自己肯定是自己哪里做错了。于是，孩子开始变得小心翼翼，开始害怕做错事情，开始陷入强烈的自责和恐慌中。这直接分散了孩子的注意力，影响了孩子的正常生活、学习和社交。

如果一个孩子长期处于自责、恐慌中，那他就可能会变得更加怯弱、无助、自卑，然后会把自己封闭起来，不愿与他人交流，慢慢地，孩子爱人和被爱的感知力就会下降，人格也会因此而变得有缺陷。

2. 效仿大人，选择用暴力解决问题

不管孩子是目睹暴力者，还是受暴者，都不影响孩子对暴力行为进行效仿。如果父母放任目睹家庭暴力情景的孩子不管，或是不管不顾地在孩子面前制造更多的家庭暴力情景，抑或是不管三七二十一就对孩子施暴，那很有可能会导致孩子对暴力行为产生错误认知，会误以为暴力是解决问题的合理方式。显然，这是任何一位家长都不愿意看到的结果。

暴力绝不是解决问题的正确方式，任何人都不应该将暴力合理化。一旦孩子将暴力合理化，那这种意识就会在孩子幼小的心灵里扎根。当孩子遇到问题时，他便会毫不犹豫地采取暴力来解决，且不会认为这种方式有何不妥，显然这样的教育是不成功的。

3. 带着心理创作成长

有些父母奉行"打是亲，骂是爱"的育儿方式，动不动就对孩子施行家暴，他们认为只有这样才能让孩子长记性。还有一些父母，纯粹是拿孩子发泄自己内心的不满，动不动就对孩子实施家庭暴力。对于被家庭暴力伤害的孩子来说，身上的伤疤易好，可心里的创伤却是很难被医治的，且这种创伤很有可能会伴随孩子一生。

家庭暴力本身就是一种野蛮、粗暴的行为，不但会严重伤害受暴者的身心，还会严重摧残目睹者的心灵。不管孩子是受暴者，还是目睹者，都是受害者。父母作为孩子挫折教育的第一任导师，理应帮助受暴或目睹家庭暴力的孩子走出阴影，及时疏导孩子受伤的心理，以下几个对策可供父母参考。

1. 告知孩子暴力发生的原因

关于大人间的家庭暴力，有些家长是不愿意多跟孩子说的，他们认为孩子还小，不能跟他谈暴力，且大人之间的矛盾也不应该将孩子牵扯进来。但是家长们忘了，孩子是有灵性的，尤其是6~12岁的孩子，他们已经有了一定的独立意识和判断能力。在家庭暴力发生之后，家长如果在孩子面前假装像个没事人一样，那只会增加孩子内心的阴暗面积，让孩子变得更加自责、恐慌和压抑。

因此，我们不建议家长在孩子面前将家庭暴力藏着、掖着，而应该平和、准确地告知孩子家庭暴力发生的原因，这样一来就可以让孩子清楚事情的经过，消除他多余的顾虑，二来可以让孩子对大人之间的关系有个清楚的认识。不过，在这个过程中，家长一定要保持心平气和，不能一味地贬低和诋毁另一方，以免让孩子形成偏见，对另一方心生怨恨。

2. 倾听孩子的感受

当孩子不幸目睹了家庭暴力的情景时，家长要及时引导孩子说出内心的想法，耐心地去倾听孩子的心声。在这个过程中，家长可能会听到各种各样的答案，比如"我不喜欢爸妈打架""我害怕""我以后一定好好听话""我什么也没看见"……这些答案中往往藏着孩子内心的真实情感，家长可以根据这些答案对孩子进行引导。如果家长发现孩子的问题比较严重，自己已经无法疏导了，要及时向专业人士求助。

3. 把负面情绪拒之门外，抛弃"打是亲，骂是爱"的过时观念

那些秉承"打是亲，骂是爱"和动不动就拿孩子撒气的家长，要想及时疏导孩子的受伤心理，让孩子能够更健康、快乐地成长，就必须先抛弃"打是亲，骂是爱"的过时教育观念，学会把负面情绪拒之门外，然后再用爱和关怀与孩子拉近关系，让孩子在自己面前能够放松身心，愿意和自己做朋友。比如，

心情不好且情绪又暴躁的家长,可以先在外面用自己喜欢的方式将负面情绪消化,然后带着笑脸回家,从而避免将负面情绪通过家庭暴力的方式发泄到孩子身上。

亲人离世，引导孩子学会珍惜眼前人

生老病死，本就是人类无法左右的自然规律。可当亲人离世时，尤其是与自己特别亲近的亲人离世时，我们依然会情绪低落，会忍不住悲伤、难过，我们把这些表现、行为及心理都看成是正常的，且能够很快调整状态，回归自己的正常生活。但对孩子来说，想要克服亲人离世这个家庭挫折，并没有那么容易。

年龄小点儿的孩子会想：

姥爷怎么睡着睡着就醒不来了？我是不是也会这样呢？

 天堂是什么地方？为什么姥姥那么爱我，却不带我去天堂呢？她是不是不要我了？

年龄大点儿的孩子会想：

 姥姥走了,这个家再也没有人为我撑腰了,以后爸妈要是打我可怎么办?感觉都没人爱我了!

爷爷去世了,我很难过,谁都不想见,谁都不想理,学也不想上了,饭也不想吃了。

亲人离世,是每个孩子或早或晚都必然会遇到的一种家庭挫折。他们有的年龄尚小,还不懂得"死亡"的真正意义;有的虽然已经知道什么是"死亡",但是对要怎么面对死亡、如何化解死亡的感受还是陌生的。所以,每当有亲人离世时,孩子们总会有各种各样的感受和表现:有的觉得自己被抛弃了,十分伤心;有的觉得恐惧,总躲在角落里不敢见人;有的总做噩梦;有的总想哭;有的不愿去上学;有的吃不下饭。

孩子是否敢于直面并战胜亲人离世这个挫折,关键还要看父母怎么告知孩子亲人去世的消息,以及怎么向孩子解释死亡这件事。实际上,有些父母并不愿意在孩子面前谈论死亡,即便要谈,也会委婉地进行一番修饰,生怕伤害到孩子幼小的心灵。其实,这种处理方式非但达不到目的,反而会误导孩子对死亡的理解,不利于孩子的身心健康,主要体现在以下两个方面。

1. 用童话美化死亡,只会误导孩子对死亡的认知

有些父母为了降低死亡给孩子带来的悲伤,会有意地借助

童话来美化死亡，比如将死亡美化成"睡着了"或是"去天堂了"。实际上，这种童话式的死亡教育方式，非但起不到教育的作用，反而会让孩子更加疑惑。你的孩子已经不小了，对很多事情都有自己的主见和意识了，与其用童话式的欺骗来误导孩子对死亡的认知，不如大大方方地告诉孩子真相。

2. 给孩子留念想，只能治标不治本

除了用童话美化死亡之外，有些父母会选择用谎言对孩子隐瞒真相，他们对孩子谎称去世的亲人"出远门旅行了""去外地打工挣钱了""去远方出差了"。这种方式无疑是在告诉孩子：这个去世的亲人只是暂时离开了，也就是说总有一天他还会再回来的，于是孩子的内心依然会对已故的亲人存在念想。这种方式确实可以暂时缓解孩子丧失亲人的伤痛，但也会让孩子陷入无穷无尽的念想、期盼中，治标不治本。

在大多数中国人的思想观念里，"死"都是一个不吉利的敏感词，大多数人都对此有忌讳，更有甚者，还会因为谐音而处处避开数字"4"，比如选择手机号码、楼层数、楼房号码、车牌号等都会主动避开数字"4"。所以说，死亡教育在中国还是比较欠缺的。但是，连死亡都不能正确认识的孩子，又怎么会懂得要珍爱生命、珍惜眼前人呢？因此，死亡教育还是很有必要的。下面是几点有关死亡教育的建议。

1. 不回避死亡，才是对生命最好的珍爱

人生无常，我们永远不会知道明天和死亡哪个会先到来。只有引导孩子正确认识死亡，才能让他懂得活在当下、珍爱生命的意义。当亲人离世时，家长要诚实、准确地告诉孩子真相，尤其是 6 岁及 6 岁以上的孩子，他们已经懂得什么是死亡，死亡意味着什么，且能够像成年人一样表达自己的悲伤，或大哭，或困惑，或痛苦，或绝望，但他们也会因此而慢慢学会接受死亡，慢慢懂得生命的可贵，了解当下的重要性。

2. 逝者已矣，要学会珍惜眼前人

当孩子被告知某位亲人离世，尤其是和他最亲近的亲人离世时，他的第一反应往往是拒绝接受现实，他的内心对这个消息是排斥的，甚至还可能会迁怒于传达消息的人。等他冷静下来，知道人死不能复生时，他又会慢慢接受现实，回到自己的正常生活中。这个时候，家长要用爱和陪伴告诉孩子他不孤单，你会继续爱他、保护他、陪伴他，适当地将孩子的注意力转移到眼前的人身上，让他学会珍惜眼前人。

3. 和孩子一起整理逝者的遗物，一起回忆逝者生前的趣事

亲人离世后，为了避免睹物思人，我们需要对逝者的遗物进行整理、封装。一般这种时候，家长是不会让孩子插手的，一是怕孩子害怕，二是怕孩子伤心。但这种做法是不明智的。整理已故亲人的遗物，其实是一种告别仪式，家长完全可以借这个机会，跟孩子一起回忆逝者生前的趣事，消除孩子的恐惧心理，并告诉孩子："逝者虽然已经不在了，但他永远活在我们心里，今天我们把这些衣物整理、封箱，并不是为了将逝者忘记，而是为了更好地活着，让逝者走得更安心。"

吃五谷生百病，教育孩子生病也要乐观

人吃五谷杂粮，哪有不生病的道理？其实，生病只是生命的一种状态，不论是大人还是小孩，都应该保持积极健康的心态来应对生病，而不是悲观地把生病看成是一种不幸，或是一道难以逾越的巨大挫折。

我生病了，全身无力，我是不是好不了了？

 我生病了，我一定是这个世界上最倒霉的孩子。

以上是孩子生病时所产生的消极、悲观、无助的心理活动。人在生病的时候，不只身体有疼痛感，心理、情绪也会因身体的不适而受到影响，常常表现为焦虑、恐惧、烦躁、自卑、孤独、羞耻、负罪……生病的孩子，可能会有如下表现。

1. 爱钻牛角尖

身体不适、情绪低落、心理脆弱是生病的孩子常有的状态，消极、悲观、焦虑、无助、失眠是这种状态下的孩子常有的心

理。基于这种状态和心理，孩子便总爱钻牛角尖，比如，爸妈稍微离开一会儿，孩子就会想：爸妈都不想陪我了，他们会不会不要我了呀？妈妈脸色稍微难看点儿，孩子就会想：完了，我这病肯定治不好了。看到健康的同龄小孩，病中的孩子会认为："我肯定是这个世界上最不幸的孩子了，要不然怎么别人都不生病，就我生病了呢？"

其实，孩子的身体健康和心理健康往往是统一的，且都非常重要。生病的孩子本来身体就不舒服，而钻牛角尖又会导致心里不舒服，如此一来，身体、心理都不健康了，孩子的病自然好得慢。

2. 不愿打针，不想吃药

家长是孩子身心健康的保护者，一旦孩子的身体稍有不适，最焦急的便是家长。孩子生病了，家长自然会在第一时间带孩子去医院，而在孩子的潜意识里，去医院就意味着要打针、吃药，加之病中的孩子的心理往往比平时脆弱，自然而然地会放大对打针的恐惧，难免会拒绝打针。另外，吃药对孩子来说也算是一个挫折，尤其是有些药很苦，更会让孩子惧怕。一边是生病让家长焦心的孩子，一边是不愿打针、不想吃药让家长急躁的孩子，一时间，家长处于矛盾之中，生气也不是，不生气也不是，竟有些不知所措。

毫无疑问，孩子身心健康是父母最大的欣慰，也是父母最大的期望。但是，吃五谷生百病，被照顾得再周到的孩子，也难免会有生病的时候。这个时候，父母常常会一边焦急，一边用心照顾生病的孩子，带孩子去医院检查、陪孩子打针、给孩子吃药，但不要忘了让孩子保持乐观的心态，正确看待生病。下面是一些给家长的建议。

1. 别欺骗孩子"打针不疼"，被赞扬的孩子更勇敢

很多家长都会有这样一种感觉，那便是生病中的孩子变得更娇气，更黏人，更爱哭爱闹了，尤其是在打针的时候，更是不让家长省心。这个时候，那些性子急、脾气躁的家长，常常会用武力镇压孩子；还有一些家长则欺骗孩子说"打针不疼"；另一些家长则会给孩子许诺，比如"只要你打针，我就给你买你想要的滑板车"。其实，这几种方式都不太合适，强制给孩子打针会加重孩子的恐惧，欺骗孩子会伤害孩子的心理，许诺则会让孩子抓住父母的弱点，且很有可能以后会用这种方式来威胁父母。

明智的家长会极力保持稳定的情绪，他们不会在孩子面前流露出焦急的神色，以免让孩子更加担心和害怕。他们会用孩子喜欢的方式去分散孩子的注意力，比如讲故事、变魔术等，从而帮助孩子缓解紧张的情绪。另外，他们还会努力去了解孩子是因为害怕打针疼还是看到其他小朋友都在哭，从而觉得打针就必须得哭，然后再对症下药，给孩子适当的鼓励，帮助孩子明白为什么要打针，让孩子对打针有更正确的认识，使孩子变得更加勇敢。

2. 生病是人生常态，教育孩子乐观应对

病中的孩子是极其敏感的，加之身体本身就有疼痛感、情

绪本就消沉，很多想法都是悲观的，这个时候他们容易过度解析别人的行为，容易钻牛角尖，因而病情就会好得慢。但如果他们拥有乐观的心态，这些烦恼就会迎刃而解了。

乐观的心态不仅可以让病中的孩子保持积极的心理，还能让孩子拥有一双发现美和感动的眼睛。比如，他们能够通过父母的行为看到父母对自己的关心，能感知到周围人对自己的关爱和重视，这都会使他们收获温暖和感动，从而变得更有力量。

3. 合理安排孩子的饮食，保证孩子的运动和睡眠时间

均衡的饮食、良好的运动习惯、充足的睡眠等都是保障孩子身体健康的基础。在平时的生活中，家长应该对此多加关注。对于病中的孩子，家长可以准备一些清淡的食物、新鲜的水果、可口的汤，并适当地开展一些简单的运动，比如散散步、休闲骑行等，以放松孩子的身心。此外，还要保证孩子有充足的睡眠时间，以增强孩子的免疫力。

爸爸妈妈离异了，但依然都很爱你

两个成年人的婚姻破裂了，他们选择了离婚，这本来就是一种很正常的行为，并不值得人们花费心思去关注。但是，离异家庭的子女却总能成为社会讨论的热点，这些热点包括离异家庭的子女的抚养权应该判给谁，离异后要不要让另一方探望孩子，离异家庭的子女是否会受到周围人的歧视，以及他们所接受的教育、他们心理状态如何，等等。

我的爸爸妈妈离婚了，这让我在同学面前感到很羞耻。

爸妈都离婚了，我活着还有什么意思呢？

父母离异对子女来说是一个很大的挫折，这是毋庸置疑的。有些离异家庭子女的性格、心理、思想等或多或少都会有一些问题。他们可能会因父母离异而害怕遭人嘲笑，从而在人前变得更加自卑和胆怯；他们也可能会因父母离异而过多地约束自

己,为了渴望得到更多的爱而变得更加乖张,甚至会去讨好父母,形成讨好型人格,从而丧失了自己的独立人格;他们也有可能会变得更加叛逆和狂躁,成了父母、老师口中的"问题孩子"。父母离异了,孩子会有哪些心理活动呢?

1. "爸妈离异了,家就没了"

人们对"家"似乎都有着一种刻板印象,即家是有爸爸妈妈和孩子的地方,是温馨的、安全的。孩子对家的定义也差不多是这样的:家里有爸爸妈妈,有爱有温暖。因此,一旦父母离异,有些孩子自然而然地就会联想到"家没了"。更悲观的孩子甚至会因为"家没了"而认为自己没有必要继续活着,从而有了离家出走、厌世、自杀等可怕的思想和行为。因此,父母离异,很有可能会让孩子对生活、学习失去信心,变得更加极端。

2. "我之所以会成为'另类',都是爸妈的'功劳'"

有些孩子会因为父母离异而成为周围人的笑柄:"你现在都没人要了。""你爸妈离婚了,肯定不要你了。""你爸妈都不要你了,肯定是因为你有问题,我们也不和你玩了。"……小小年纪,本应该享受无忧无虑、无拘无束的童年时光,却要忍受周围人的冷嘲热讽和指指点点,甚至被同龄人贴上"另类"的标签而遭受排挤,这些都会给一个孩子的身心带来很大的创伤,以至于有些孩子会产生扭曲的思想,他们会理所当然地把这些遭遇都怪罪到父母身上,他们认为"我之所以会成为'另类',都是爸妈的'功劳'",从而对父母心生憎恨,形成扭曲心理。

3."我是妈妈（爸爸）唯一的希望了，我得让自己变得更优秀"

有些单亲家庭的孩子，总是懂事得让人心疼，优秀得让人嫉妒。他们似乎是个全才，不管是在生活上，还是在学习上，只要是能让妈妈（爸爸）高兴的事，他们都能做到极致。"我是妈妈（爸爸）唯一的希望，我得变得更优秀、更强大，才能让妈妈（爸爸）开心。"从小，他们就懂得看大人的脸色行事，处处小心谨慎，期望用自己的优秀获得更多的爱，却因此而隐藏了自己的喜怒哀乐，丧失了自己的独立人格。

孤僻、抑郁、自卑、懦弱、胆怯、悲观、狂躁、憎恨、暴力、厌世、失望等都可能是离异家庭子女会产生的各种不良心理。因此，大人离异就算没错，也要注意保护孩子的身心健康，不能因为两个成年人的婚姻的失败而给孩子带来一生的困扰和悲剧。为了保护孩子的身心健康，家长最好做到以下几点。

1. 不要把失败的婚姻归因于孩子

孩子常常是婚姻失败的导火索。两个原本就有很多问题的成年人之间的矛盾往往会借助孩子的事爆发，比如要不要给孩子请家教，该不该省吃俭用让孩子勉强挤进贵族学校，等等，他们会因意见不合而大吵，这直接加速了婚姻的失败。于是，有些家长便把自己失败的婚姻归因到孩子身上，而目睹家长吵架的孩子也将父母离异的原因怪罪到自己身上。于是，成年人失败的婚姻好像都是孩子的错。

殊不知，冰冻三尺非一日之寒，成年人失败的婚姻，哪能简单地归咎到几个与孩子有关的分歧上呢？聪明的家长不会把失败的婚姻怪罪在孩子身上，更不会在孩子面前说一些会增添孩子负担的话，比如："要不是因为你，我早就不想跟你爸爸一起生活了。"他们会诚恳地告诉孩子真正离异的原因，并明确地指出这是大人之间出了问题，与孩子无关。即便对对方有很多不满，他们也不会在孩子面前指责、批评、诋毁对方，他们会告诉孩子"爸妈虽然离婚了，但依然还像从前一样爱你"，在不完美的婚姻中给孩子完整的爱。

2. 别把孩子当成你的工具

"以后就剩咱娘俩相依为命了，妈妈养你长大，以后妈妈老了，你可得给妈妈养老送终啊！"一位单亲母亲把孩子当成了给自己养老送终的工具。此外，她还将自己的孩子当成是报复前夫的工具，不但故意阻挠对方探望孩子，还总在孩子面前诋毁对方的形象，企图让孩子跟她一样憎恨和讨厌对方。

毫无疑问，在这种单亲家庭中长大的孩子，会对父亲的形象产生偏见，而且会因为母亲过高的期望而变得压抑，这不利于孩子的身心健康。明智的家长深知任何人都取代不了妈妈（爸爸）在孩子心中的位置，这个位置是独一无二、无可替代的，他们不会不顾孩子的意愿而肆意阻挠对方行使探望权，且会尽最大的努力降低离异对孩子所造成的伤害。此外，他们知道自己的人生需要自己负责，不会让孩子背着自己的人生前行，也会教导孩子要拥有自己的独立人格，走自己的人生道路。

3. 不要因为觉得亏欠孩子而真的亏欠了孩子

有些父母因为离异而觉得亏欠了孩子，于是便从物质、经济等方面对孩子进行补偿，满足孩子的各种需求，对孩子犯的错睁一只眼闭一只眼。有时候，家里的亲戚、老人也会对这个孩子格外关照，霎时间，孩子因为父母离异而被周围的人溺爱，其思想、行为、心理或多或少都有些扭曲。如此一来，孩子就很有可能变得自私自利、任性刁蛮、唯我独尊，那父母所谓的觉得亏欠孩子就会变成真的亏欠了孩子。

重组完整家庭,也要重给孩子完整的爱

重组家庭,是指离婚或丧偶的一方或双方带着自己的子女再重新组成一个完整的家庭。在这个重组的家庭里,孩子要接受一个陌生的人做自己的爸爸或妈妈,还可能要和其他孩子分享来自爸爸或妈妈的爱,这对已经经历过父母离异或丧失亲人的孩子来说,无疑又是一个很难跨越的挫折,真可谓一波未平一波又起,雪上加霜,难上加难。

那个人又不是我的妈妈,我凭什么要叫她妈妈?

以前,妈妈把她所有的爱都给我,现在却要分给别人,我讨厌那个跟我抢妈妈的小女孩。

爸爸妈妈都重组了家庭,都有了各自的小孩,他们的注意力都在刚出生的孩子身上,我感觉自己没人要了。

两个原本不相干的陌生家庭重新组成一个新的家庭，并不只是简单的"1+1=2"，这里面还有很多问题和矛盾需要重组家庭的所有成员一起解决，尤其是与孩子有关的问题。不论是父亲还是母亲重组家庭，对孩子来说都是一个新的陌生环境，就连继父或继母、兄弟姐妹都是陌生人，加上孩子对生父或生母的情感，这就使得孩子与继父或继母之间的关系变得更加复杂和微妙。下面是几个常见的重组家庭的问题。

1．"你又不是我爸，你管得着我吗？"

几个原本不相干的人要在一个屋檐下共同生活，他们的生活习惯、沟通方式、处世方法、社交圈子等都可能是不一样的，而且对孩子来说还要被陌生人霸占本应全部属于自己的父爱或母爱。于是，恐惧、仇恨、焦虑、嫉妒等各种不良情绪一下涌上心头，这便是有些孩子对陌生的家人产生抵触、我行我素、故意找碴儿、说话尖酸刻薄的原因，这其实是他们保护自己的一种方式。

"你又不是我爸，你管得着我吗？""我就要把我爸和我妈的结婚照摆在咱家最显眼的位置，气死你。""就是因为你，我爸妈才会离婚的，我恨你。"……这些难听的话都是孩子抵触新家庭成员的表现，也是孩子对重组家庭不满的反抗，是孩子心理问题的自然流露。

2．"后妈又不是妈，我能管她叫阿姨就已经很不错了"

哪怕是父母离异，也无法改变孩子是亲生的这一事实，而亲生就意味着有血缘亲情，这是继父或继母无法斩断或替代的。

在刚刚重组的家庭中,孩子并不会一上来就喊某个陌生人"妈妈"或"爸爸",他们要么叫"叔叔"或"阿姨",要么直接用"哎""喂""你"等各种没有礼貌且刺耳的称呼,这会让继父或继母感到极不舒服。

如果亲生父亲或母亲对孩子的这种不礼貌的语言进行批评或指责,那只会加剧孩子和继母或继父之间的矛盾,甚至会让孩子感觉自己在爸爸或妈妈心中的地位受到了威胁,从而变得更加叛逆,说出更尖酸、更刻薄的话语,比如"后妈又不是妈,我能管她叫阿姨已经很不错了"。

3. "明明生活在自己家里,却总有一种寄人篱下的感觉"

"家"这个字常常和"港湾""温馨""和谐""温暖"等各种美好的词联系在一起,但也会与一些消极、悲观的词联系起来,比如"外人""寄人篱下"等。在重组家庭中,不管是大人,还是孩子,都可能会产生一种被当作"外人"或是"寄人篱下"的感觉,尤其是对重组家庭的子女来说,这种感觉可能会随着新生命的到来而变得更加强烈。

当重组家庭迎来新生命时,大人可能会因为喜悦而过多地把注意力放在新生命上,从而冷落、忽视了其他孩子的心理和情绪,让孩子产生了"明明生活在自己家里,却总有一种寄人篱下的感觉"。

重组家庭中的子女可能会遭遇的挫折远远比以上所提到的要多得多,如被新的家庭成员孤立、和新的兄弟姐妹争宠打架、物质方面得不到保障、精神需求得不到满足等。因此,每一位想重组完整家庭的家长在重组之前，都应该好好思考"完整的家能否给孩子完整的爱？"这个问题，并在重组家庭后拿出实际行动，给孩子完整的爱。重组家庭的家长应该做到以下几点。

1. 不区别对待，亲生非亲生都一视同仁

区别对待在重组家庭中是比较常见的：要么是偏向亲生的孩子，只对自己的孩子好；要么过分关心非亲生的孩子，冷落自己的孩子。很显然，这两种方式都不利于孩子的健康成长。

明智的家长懂得克制自己与亲生子女的过分亲密，他们知道那会引起非亲生子女对亲生爸爸或妈妈的思念，从而对自己的孩子表现出嫉妒，且会疏远自己；同时，他们也不会过分客气、热情地对待非亲生子女，以免让他们误以为自己要取代他们亲生爸爸或妈妈的位置，进而对自己产生防备心理。

2. 物质和精神两手都要抓，且两手都要硬

重物质轻精神是有些重组家庭的家长常常犯的一个错误，有些继父或继母为了快速拉近与孩子之间的距离，不惜用金钱来满足孩子的各种物质需求，企图用物质收买孩子的心。殊不知，这种重物质轻精神的方式不但会使孩子的心理发生扭曲，还可能会让孩子形成错误的价值观。

其实，对正在成长中的孩子来说，物质需求和精神需求都很重要，重物质轻精神或重精神轻物质都无法保障孩子的身心健康，尤其对重组家庭的子女而言，更不能厚此薄彼，物质和精神必须两手都要抓，且两手都要硬，如此才能更好地和孩子做朋友，让孩子的身心更健康。

3. 付出不挂嘴上，并管好自己的嘴

父母对孩子的付出，都是心甘情愿且不求回报的。如果一个继父或继母总是把自己为孩子的付出挂在嘴上，总对孩子说："你看，我对你多好，这些都是我专门为你做的。""我为你付出了很多，你可要记住我的好呀！""我为你做了那么多，你怎么连句谢谢都不说？"这会让孩子以为这些付出都是有目的的，继父或继母并不是真心为自己好，从而使彼此之间的关系更加疏远。

另外，在孩子面前，继父或继母要管好自己的嘴，不要说孩子亲爸或亲妈的坏话，以免孩子认为你心胸狭窄，对你心生憎恨，更不愿意接纳你。因此，不要总把你的付出挂在嘴边，管好自己的嘴，不该说的话别说，真心实意地去对孩子，剩下的都教给时间，时间会验证你的真心，也会让孩子感受到你的真心，从而向你敞开心扉，还你一颗真心。

自己的事不会做,鼓励孩子勇敢地寻求帮助

为了培养孩子的责任感和独立性,帮助孩子更好地面对学习、生活中的各种困难,很多家长都会教导孩子"自己的事自己做",且会有意无意地给孩子安排家务,制造锻炼的机会。但是,在家长过度强调自立自强的时候,孩子常常会因为事情太难和有极强的自尊心而产生挫败感,从而变得更加胆怯和自卑。

我要是因为这件事而向爸妈求助的话,会不会被嘲笑啊?

求人帮助多丢人啊,我宁可放弃,也不要去寻求帮助,哪怕找爸爸妈妈也不行。

自尊心极强的孩子,常常错误地认为自己的事不会做是一件很丢人、很没面子的事,更会为向他人求助而感到羞愧。于是,他们一旦遇到困难,就会要么选择自己盲目硬撑,要么选择放弃,总之就是不愿意向身边的人求助。然而,选择盲目硬撑只会导致事情

越来越糟，挫败感更强，更容易让自己陷入绝望中；选择放弃只会让难题一直都在，且有可能会将小难题累积成大难题，无法从根上解决问题。这两种方式都不利于培养孩子自信、自强、独立的品质。那么，孩子不愿意向人求助的原因有哪些呢？

1. 孩子的羞耻心在告诉他：向人求助很没面子

明明是不会做的事，偏偏要盲目硬撑，就是不向周围人求助，家长们却对孩子的这种表现不以为然，他们要么认为孩子太小，要么以为是孩子不敢或不好意思开口求助，甚至盲目乐观地以为等孩子长大了就好了。殊不知，孩子之所以会有这样的表现，完全是他的羞耻心在作祟，羞耻心在告诉他：向人求助很没面子。这本身就是一种错误的心理认知。

在这种错误的心理认知下，孩子会想当然地认为寻求帮助是一件不体面的事。于是，在遇到挫折时，他要么只会自己瞎琢磨，直到奔溃放弃；要么直接否定自己，把自己的事情推给父母。举个简单的例子，当妈妈让孩子自己试着把自己的被子装进被罩中时，有的孩子会一遍一遍地尝试，然后在一次又一次的失败中，耐心逐渐被消磨，情绪逐渐奔溃，最后生气又绝望地放弃了；有些孩子知道自己不会，又生怕做不好被嘲笑，于是主动否定自己，不敢直面挑战。

2. 害怕别人看到自己的不足，不想给别人添麻烦

有些孩子有着很强的自尊心，且又很自卑，生怕给别人添麻烦。一方面，他们会认为自己不会做的事很简单，向爸妈求助会使爸妈发现自己的不足，会很丢脸；另一方面，他们觉得

因为自己的事而麻烦别人，耽误别人的时间，会很不好，且别人没有义务帮自己，反倒会因此给别人留下不好的印象。

于是，当他们因为自己的事不会做而被问及为何不向爸妈求助时，他们会说："爸妈很忙，我还是别给他们添麻烦了。"这句话听起来像是在为爸妈考虑，却是孩子没自信、内心封闭的表现。试想一下，如果一个孩子遇到挫折时连自己的父母都不愿麻烦，那他又怎么会因为学习上的挫折而去麻烦老师、同学呢？以后在工作中遇到困难了，又怎么会向领导、同事求助呢？久而久之，难免不产生畏难情绪。

诚然，让孩子学会处理自己的事情，不但可以让孩子变得更加自立，还能提高孩子的生活能力，而且这对提高孩子的心理承受能力和道德品质也是有帮助的。但是，这并不是说家长要完全把孩子的事抛给孩子，不闻不问，完全让孩子一个人单独面对，甚至对孩子的求助冷嘲热讽，企图利用激将法激发孩子的潜力，这种教育方式无疑是在催促孩子关闭求助的心门，有困难保持沉默，这会增强孩子的畏难情绪和挫败心理，让孩子变得更加自卑和无助。正确的做法是放手让孩子去做，并鼓励孩子勇敢地寻求帮助，理由如下。

1. 学会求助是一种应对挫折的能力

在平时的教育中，家长不但要让孩子学会处理自己的事，也要教孩子学习求助，因为懂得求助本身就是一种应对挫折的技巧和能力。家长要给孩子灌输"寻求帮助是一种正常的社交行为，并不丢人""有些事情做不好或不会做，并不丢人"的观念,并告诉孩子为什么要寻求帮助,指导孩子应该怎么寻求帮助及向哪些人寻求帮助等。

另外,家长也要学会尊重和接纳孩子的求助,像"这么简单的事你都不会呀?""哇,竟然还有你不会的事情?"等冷嘲热讽的语句万万不可说。正确的做法应该是积极回应孩子的求助,友好地协助孩子解决问题,让孩子体验到寻求帮助的真正意义,逐渐养成勇敢、不畏惧挫折的性格。

2. 学会求助可以更高效地解决问题

每个人都可能会遇到自己无法解决的问题,这时,敢于向他人求助的人可以借助他人的力量,更高效地解决问题。因此,家长要让孩子明白:向他人求助不是愚蠢、懦弱,也不是没出息、没能力的表现,而是一种高效解决问题的方法。

3. 摒弃假性独立,懂求助才是真独立

所谓假性独立,就是不敢依赖他人,以接受别人的帮助为耻,以自我为中心的行为。假性独立的人总觉得自己什么都会,什么都行,凡是自己的事都能搞定,然而他们的内心并不富足,也不自信,他们所谓的独立不过是一种被迫的独立,并不是真正的独立。

真正独立的孩子,从来都懂得求助,他们懂得适度依赖他人,借助他人的力量来弥补自己的不足,完善自己的缺点。明智的父母不会只告诉孩子"人生就像一顿自助餐,你必须站起来,自己去拿",他们还会告诉孩子"人生来就不是孤立存在的,当你被挫折压得站不起来时,要学会向身边的人求助,这样你才不会挨饿,才有可能站得更高,走得更稳"。

第四章

社交中的矛盾与冲突，也可化为欢声笑语

没有自己的朋友、不被同学接纳、被叫难听的外号、和同学发生了冲突、不敢跟人交往等都是孩子在社交过程中可能会遇到的问题，这些在成年人看来微不足道的问题却多是孩子很难应对的挫折，而本章的主要目的，便是要引导孩子将社交中的矛盾与冲突转化为成长路上的欢声和笑语。

没朋友的孩子,从交第一个朋友开始

在孩子成长的过程中,有没有朋友是判断孩子社交心理是否健康的一个重要标志。事实表明:那些没朋友的孩子在生活、学习上遇到的挫折要比有朋友的孩子多得多,而"没朋友"本身就是一个很大的挫折。

别人都有朋友,就我总是孤身一人,我感觉自己好像是多余的。

我一点儿都不喜欢去学校,因为我在学校里没有朋友。

一般情况下,那些没有朋友的孩子,大都表现得孤独、任性、执拗、害羞、胆小、不善交际,这些性格或直接或间接地影响了孩子健康的社交心理,对孩子融入集体,拥有健康、积极的社交关系是非常不利的。为什么生活在学校这个集体中的孩子会没有朋友呢?我们对此做了分析,得出了以下几点原因。

1. "我不喜欢和别人玩"——别让社交恐惧症绊住了孩子交朋友的双脚

当孩子跟你说他喜欢独处,不喜欢去人多的地方,不愿意跟别人沟通,害怕和人有目光上的碰撞,没有好朋友时,你千万不要把这些话当成耳边风,而是要将这些话听进心里,并注意观察孩子平时的社交表现,以便准确判断孩子交朋友的双脚是否被社交恐惧症绊住了,从而更好地帮助孩子结交朋友。

2. "别人都不和我玩"——没人敢和霸道的人交朋友

"妈妈,为什么同学们都很怕我,都不和我玩?"一个小男孩问妈妈。"儿子,如果你想要结交朋友,想让别人和你一起玩的话,就要先改掉你那爱打人、爱抢别人玩具等霸道的行为习惯。你可以试试将打人换成有礼貌的沟通,把抢玩具换成有礼貌地借玩具。你要知道,没有哪个小朋友敢和'小霸王'交朋友。"小男孩的妈妈笑着答道。其实,有些孩子没朋友,主要根源在他们自己身上,他们可能娇气、傲慢、蛮横、霸道、自私、任性、急躁、暴力、心胸狭窄、不懂礼貌、爱吹牛、爱炫耀……因此他们没朋友。

没朋友对孩子来说,就是一个巨大的挫折,且这个挫折还会衍生出更多的挫折,给孩子带来不少危害,严重的会让孩子产生厌学情绪,不愿意再参加集体活动,变得更加孤僻。另外,不合群、没有上进心、注意力涣散、无法适应新环境、学习新知识的能力不足等都可能是没朋友给孩子带来的危害。因此,关于孩子没朋友这件事,家长可不能轻视,更不能狭隘偏执地认为交朋友是孩子长大以后的事,而应该重视这件事,毕竟这关乎孩子的社交心理健康,影响孩子的一生。孩子没朋友,家长可以从以下几点着手进行。

1. 别急着给孩子贴标签

当孩子没跟客人打招呼时,有些家长会急着为孩子的不礼貌打掩护,他们会对客人说:"这孩子忒内向,你看害羞得都不敢打招呼了。"当孩子为自己没有一个好朋友而苦恼时,有些家长安慰说:"你就是太内向了,又不喜欢说话,没朋友也正常。"这些经常在别人或孩子面前说孩子内向、害羞、认生、懦弱、不喜欢说话的家长,无疑是在给孩子贴各种标签,暗示并强化孩子在社交方面确实存在不足。殊不知,这些标签一旦贴在孩子身上,就会像种子一样种进孩子的心里,再想撕下来就难了。因此,不要随便给孩子贴标签,尤其是没朋友的孩子,以免孩子真的朝着社交恐惧症的方向发展,变成一个没朋友的孩子。

2. 引导孩子正确看待没朋友这个挫折

任何事物都像硬币一样,具有两面性,孩子没朋友也一样有两面性:一面是挫折,一面是蜕变。只有两面都能看到的孩子,才能在挫折中主动蜕变,收获成长。没有哪个孩子会无缘无故没有朋友,因此,当孩子说自己没朋友时,家长要协助孩子分析原因、找到根源并解决问题。在这个过程中,家长一定要站在客观的角度,正确地评价孩子的社交行为,不能因为怕伤孩子自尊而隐瞒孩子自私、任性、霸道、傲娇、没礼貌等行为,更不能生怕孩子受欺负而主动去干涉孩子的社交,只有真正认识到自己的行为、心态不对的孩子，才能够发自内心地主动去蜕变，战胜没朋友的挫折。

3. 朋友是可遇而不可求的，引导孩子从交第一个朋友开始

什么是朋友？每个孩子都有自己的答案："他收了我的礼物，就是我的朋友。""他把零食分给我吃，肯定是我的朋友。""他和我一起上学、一起玩耍，就是我的朋友。""我喜欢他，他就是我的朋友。"可见，有时候，孩子口中的朋友并不是真正的朋友。

家长要让孩子明白真正的朋友是可遇而不可求的，更不是靠礼物、靠强迫、靠玩耍收买来的；也要让孩子意识到与人相处本身就是一件困难的事，毕竟对方的家庭氛围、生活习惯、行为思想等都和自己不一样。在此基础上，家长要引导没朋友的孩子从交第一个朋友开始，让孩子学会用真心、尊重、平等、善良的方式与对方交往，慢慢打开对方的心扉，走进对方的世界，和对方成为朋友，而后再以同样的方式和更多的人交往，收获更多的朋友。

即使有生理缺陷，你也不是"另类"

有些孩子生来就有生理缺陷，他们一出生就得忍受别人异样的目光。好不容易在别人同情的叹息中长大了，却难免要遭到同龄孩子的歧视和嘲讽。对这些有生理缺陷的孩子来说，他们所遇到的挫折要比正常人多得多。

同学们总是躲着我，不愿意跟我交往，好像我是个怪物。

为什么大家总是用同情的目光来看我呢？就因为我有生理缺陷吗？

有生理缺陷的孩子，可能会遭遇被人歧视、戏弄、辱骂、嘲讽、攻击、模仿等一种或多种挫折。在这些挫折面前，孩子的自尊一次次被践踏，身心一次次遭摧毁，严重干扰了孩子正常的心理和情绪，给孩子的正常学习和生活带来了很多挫折，具体表现如下。

1. 自卑是有生理缺陷孩子的最大挫折

大多数有生理缺陷的孩子，常常会伴有离群、孤立、忧郁、悲观、孤僻、消极等各种与自卑相关的心理、行为和情绪，且这些心理、行为和情绪已经严重影响了孩子的正常生活和学习。同学们的嘲笑，同龄人异样的眼光，长辈同情关切的目光……无不在告诉孩子他有生理缺陷，他是不健全的。

"我妈妈说他是残疾人，让我们多照顾照顾他。""这孩子长得一表人才，可惜是个跛脚。""我家孩子真可怜，一出生就患病，一辈子都得忍受别人异样的眼光。"这些来自正常人的或同情或叹息的话语会像刀子一样深深地扎进孩子的心里，刺痛孩子的心，时时刻刻都在将孩子推进自卑的泥坑。

2. 生活、学习都要比正常人吃力

从人们把有生理缺陷的孩子和正常人划分为两类不同的人开始，有生理缺陷的孩子就背上了一个厚重的壳，且无论他们做什么，都必须背着这层壳，他们的身体、精神、心理、思想也因这层壳而受到影响。

那些有生理缺陷的孩子，不仅要排解他人异样的眼光，还要克服因缺陷而给生活、学习带来的各种挫折。比如，口吃的孩子表达自我、与人沟通都是比较难的；智力残疾孩子的智力跟不上同龄人，学习吃力，不得不和比自己小很多的孩子一起学习；肢体残疾的孩子无法像正常人那样生活，更不能参加同龄人的运动……这些无不体现了有生理缺陷的孩子的生活、学习都要比正常人吃力得多。

在日常生活中，有缺陷孩子的家长要注重建立孩子的自信心，让孩子学会接纳自己的缺陷，并积极向上地认真活着，具体方法如下。

1. 让孩子知道即使生理有缺陷，也不要有刺猬心态

所谓刺猬心态，就是那些表面假装坚强、自信、乐观，内心却极其脆弱的心理。这种心态在有生理缺陷的孩子身上是极其常见的。这些孩子或是为了不让家长担心，或是为了让自己看起来像个正常人，抑或是为了掩护自己的自卑和脆弱，他们会假装坚强、自信、乐观。

其实，很多时候，有生理缺陷的孩子总是会去强化自己与他人不一样的意识。他们在潜意识中会认为自己在人群中就是"另类"，于是自卑地把自己的心门封闭起来。殊不知，比起他的生理缺陷，别人更在乎他的心扉是否敞开，是否愿意跟大家一起玩。因此，家长要引导孩子转移注意力，将孩子的目光从缺陷处转移到其他优势上，让孩子看到自己的闪光点，从内心深处建立自信。

2. 正确看待孩子的缺陷，给孩子的内心种下自信和坦然

古语说："打在儿身，痛在娘心。"对于那些孩子有生理缺陷的家长来说，这句古语也是适用的。看着自家孩子生理有缺陷，看着孩子因这些缺陷而遭受磨难，没有哪位父母不心疼。于是，有的父母就会自然而然地流露出担忧、焦虑、同情的神色，有的父母则会因孩子的缺陷而消极、悲观。

殊不知，孩子的观察力和感知力是很强的，再加上有生理

缺陷的孩子本身就比较敏感，他们能看到父母的表情，感受到父母的心情，且又极其在乎父母的态度和想法，因而常常会为此而伤心。因此，家长自己首先就要学会正确看待孩子的缺陷，要用爱和关怀给孩子吃下一颗定心丸，在孩子的内心种下自信和坦然的种子，并随时浇灌，让自信和坦然的种子在孩子心里生根、发芽、成长。

3. 接纳有生理缺陷的孩子，陪孩子一起克服挫折

有些父母因为孩子有生理缺陷而自责，言语间尽是消极悲观；有些父母则无法接受自己的孩子有生理缺陷，情绪总是很低落。这两种反应其实都在强化父母无法接纳有生理缺陷的孩子，无形中对孩子进行了否定，伤害了孩子的身心。

学会接纳孩子的生理缺陷，陪着孩子一起克服挫折，是每一位家长的必修课。试想一下，如果连孩子的父母都不愿或不敢接纳孩子的缺陷，那还有谁能帮助孩子走出自卑，建立自信呢？

别太在乎外表的美与丑,心灵美才是真的美

爱美之心,人皆有之,孩子也不例外,有些孩子将不美的外表看成是无法跨越的挫折。孩子小小年纪就过于在乎外表的美丑,并因此产生"容貌焦虑",实际上是不自信的表现,这种焦虑和不自信会给孩子的身心、学习以及生活增添不少烦恼。

她们说我脸上有块伤疤,太难看了,不想和我做朋友。

同学们都说我长得丑,拉低了班级的颜值。

没有朋友、遭到校园欺凌、否定自己等都是孩子因为外表不美而遭遇的种种挫折,这些挫折对孩子的社交、身心、学习都会产生一些消极的影响,具体表现如下。

1. 社交上:交朋友比较困难

孩子的相貌有瑕疵,会对他的社交产生很大的消极影响,主要原因有两点:第一,孩子可能会因为相貌不美而遭受周围

同学的嘲讽和排斥；第二，孩子可能因为自身外表不美，不愿意和其他孩子打交道。基于这两点，孩子想要交朋友，就成了一件比较困难的事情。

2. 心理上："长得丑"被他人和自己强化了

外表不美的孩子，不但在社交上会受到消极影响，心理上也会产生一些压力。当别的同学说自己长得丑时，孩子会觉得他们说得对，从而笃定自己长得确实很难看。如此一来，"长得丑"就在孩子的内心深处被强化了，这对孩子的心理健康是极其不利的。

3. 学习上：过于在乎外表不美，从而无心学习

孩子总是对自己不美的外表耿耿于怀，一边抱怨自己长得丑，一边担心被他人嘲笑，从而无心学习。甚至有的孩子因为相貌有瑕疵，在学校被同学们欺凌，从而不愿意再去学校，产生厌学心理。

实际上，不论外表是美是丑，每一个孩子都是独一无二的。对于家有"丑儿""丑女"的家长来说，最需要做的就是引导孩子正确看待外表的美和丑，让孩子意识到心灵美才是真的美，从而更好地从心底接纳自我，具体做法如下。

1. 接纳孩子的不完美，包容他的瑕疵

每一个孩子都是独特的，即便是相貌有瑕疵的孩子，也是独一无二的。对于孩子外表上的瑕疵，家长要学会接纳，并不因此而减少对孩子的关怀和爱。此外，为了让孩子身心健康地成长，家长也要看到孩子的各种闪光点，如努力、勤奋、善良

等，包容孩子的瑕疵，帮助孩子建立自信心。

2. 引导孩子学会接纳自己，做真实的自己

人无完人，每个人都有自己的长处和短处，真正认识自我，懂得接纳自我的孩子，是不会把时间花在哀叹那些不完美的短处上的，他们明白，不完美只会让自己变得更加独特。对于外表不美丽的孩子，家长要让他明白：人只要懂得接纳自己，不在乎外表的美丑，做自己，就很美。同时，家长也要告诉孩子：即便会有人议论、嘲笑你的外表，也要相信，还有人在欣赏你，你只需做真实的自我即可。

3. 提升孩子自身的实力，心灵美才是真的美

岁月匆匆，再美丽的外表也经不住时光的摧残，终究会随时间而消逝。然而，美丽的心灵却能经得起时间的考验，且永不褪色。家有"丑儿""丑女"时，家长要以身作则，用善良、尊重、正义、真诚、坚毅的处世原则来呵护孩子美丽的心灵。家长可从孩子的学习、兴趣入手，通过培养孩子养成阅读、运动等良好的习惯来打开孩子的格局，帮助孩子建立自信，让孩子拥有一颗发光的美丽心灵。

被取难听的外号,并不是你的错

孩子之间互取外号,本来是一件很稀松平常的事,无须家长操心。但是,有些孩子总是抓住别人的缺陷,通过夸大、添油加醋等方式,来给对方取一些难听的,具有侮辱性、贬低性、讽刺性的外号,以让对方难堪或借此来羞辱对方。

和同龄人相比,我的个子很矮,他们便给我取了个"矮冬瓜"的外号,还总是叫我外号,这让我感到很伤心。

我的脸上不过长了一点点雀斑,小伙伴们就喊我"麻子",以至于我都认为自己是个麻子了。

并不是每个被取外号的孩子都是受人欢迎的,也不是每个被叫外号的孩子的内心都是欣喜的。有些时候,被取外号的孩子是在遭受侮辱,他们的内心都很抵触。很显然,他们不喜欢被取外号,更不喜欢被叫外号,外号成了他们成长道路上的挫折。外号怎么会变成孩子成长道路上的挫折呢？原因如下。

1. 皮格马利翁效应：有些外号一旦被叫，便是孩子一生的阴影

皮格马利翁效应指出：人的情感和观念，会受到别人的暗示和影响。简单地说就是，一个被传递积极期望的人，总是会进步得很快，而一个被传递消极态度的人，则很可能变得自暴自弃，没有上进心。

外号本身就是一种暗示，那些善意的，依据优点、特长来取的外号，不但不会让孩子感到不舒服，反而会增进孩子之间的友谊。反之，那些极具讽刺性、贬低性、侮辱性的外号，如"肥猪""麻子""矮冬瓜"等，则会给孩子很强的心理暗示，让孩子对自己形成一种错误的认知，更加笃信外号就是自己，自己就是外号，从而将"本我"与外号混淆，变得更加自卑、敏感，且这种自卑和敏感很有可能会伴随孩子的一生，给孩子留下一生的伤痛。

2. 被取外号的孩子，可能正在遭受校园欺凌

当我们说外号可能是校园欺凌，是暴力时，有些家长会以为这是危言耸听、小题大做。事实上，真正的校园欺凌，不单单指身体上的伤害，还包括精神上的伤害、语言上的欺凌。其中，起侮辱性的外号就属于语言上的欺凌，本身就属于校园欺凌。

有的孩子抓住别人的小缺陷，取一些侮辱性的外号，并在班上大喊那个孩子的外号，企图以此来博取大家的欢笑，这就

是校园欺凌。这种校园欺凌给孩子带来的负面影响一点儿都不亚于身体上的殴打，会给孩子的精神和心理带来很大的压力。比如，当一个孩子用搞笑的声音和行为冲着全班同学喊："你们看，麻子脸来啦！"这就很容易引发哄堂大笑，且能够极其迅速地将所有人的目光转移到这位"麻子脸"同学的身上，这个时候，这位被称为"麻子脸"的同学肯定是极其羞愧的，且很有可能对这些同学产生报复心理。

那么，当孩子在学校被取了难听的、具有侮辱性的外号时，家长应该怎么办呢？是应该想办法堵住其他孩子的口，还是设法疏通孩子之间的关系？如果孩子说因为外号而不愿意再去学校，家长又该怎么办呢？下面几点是给家长的建议。

1. 明确告诉孩子被取难听的外号不是他的错

有些孩子在被取难听的、有侮辱性的外号时，总是把原因归咎于自己，如我不够优秀、我长得丑、我没自信、我就是长了两颗痦子……在这种自我否定的心理下，孩子就会渐渐接受难听的、有侮辱性的外号，并因此变得麻木、自闭、自卑。所以，当孩子被取难听的外号时，家长要明确告诉孩子："这不是你的错，你不应该妥协，而应该勇敢地告诉对方你并不喜欢这个外号，你有名字，请对方称呼你的名字。"

2. 充分发挥共情力量，打开孩子的心扉

当孩子被取不雅外号时，比如家长只顾着去同情孩子，或是忙着去责怪取外号的孩子，这些做法只会让孩子更进一步确认自己是受害者，更加强化孩子受伤的心，从而使孩子关闭心扉，与家长疏远，更不利于家长帮助孩子及时消除不雅外号所带来的负面影响。

其实，当孩子被不雅外号伤害、困扰时，共情是家长拉近亲子距离、打开孩子心扉的最佳良药。家长可以告诉孩子，自己也曾被人取难听的、不雅的外号，并告诉孩子自己当时的感受，让孩子知道他并不孤独，逐步引导孩子说出自己的感受，了解孩子心里的想法。另外，除了倾听，孩子更需要解决对策，家长可以告诉孩子自己当时的处理方法，然后再结合孩子的实际情况，和孩子一起商量应对的策略。

3. 改变孩子的心态，该无视时就无视

孩子之所以会因为一个外号而伤心、气愤，主要还是心态问题。当孩子心态不佳，太过于在乎自己的名誉、形象时，就会很在乎外号，并滋生不想上学的想法，甚至会因外号而对他人大打出手。但是，暴力并不能解决问题，只会激化矛盾，让问题变得更加复杂。而心态积极的孩子懂得调整自己的心态：他们或是不理会对方，用沉默来抵抗对方；或是嘲讽对方的无知和无趣，让对方自讨没趣。

不管怎么说，同学之间互取外号是家长难以杜绝的现象，但家长可以对此进行积极引导。首先，引导孩子给别人取积极的外号，从对方的优点、好处着手；其次，帮助孩子幽默地更改难听的外号，及时疏导孩子内心的不快；最后，和老师紧密配合，引导同学们互取积极的外号。

被同学嘲笑,先稳定孩子的情绪

在日常的生活或学习中,有的孩子因被嘲笑而伤心难过,甚至自我怀疑。不得不承认,对孩子来说,被人嘲笑,真的是一个让人伤心的挫折!

我在表演的时候出了点儿小失误,全校师生都发现了,而且他们还笑了,好丢人,我都没脸再去学校了。

我之前在课堂上答错了一道非常简单的题,自那之后,同学们总拿这件事来取笑我,甚至还说了一些难听的话,比如"这么简单的题都不会,莫不是个傻子吧!"每每这个时候,我都有一种想动手打人的冲动。

对于心智尚且不成熟的孩子来说,被同学嘲笑,很容易往心里去。他们或觉得丢脸,不想见人;或觉得愤怒,有种

想打人的冲动；或觉得伤自尊，有些自卑；或觉得不合群，有些不知所措……若是任由这些情绪积压，总有一天会给孩子的身心带来巨大的伤害，严重的甚至会直接摧毁孩子，理由如下。

1. 或躁动或低落的情绪，是孩子挫折的放大镜

每一个被同学嘲笑的孩子，都有着各自的情绪，或躁动，或低落，总之心里并不舒畅。在这种不舒畅的情绪下，孩子的语言、行为、思维难免会出现极端或病态，而挫折也会在不经意间被孩子放大。

比如，孩子因为在课堂上答错了一道简单的数学题而被同学们嘲笑，这让他感到很羞愧，于是，他开始责怪自己怎么会犯这种低级错误，并开始怀疑自己是不是真的很笨，开始放大、强化同学们嘲笑自己的理由，经过一系列的思维加工后，被同学嘲笑这个挫折就被孩子放得很大了，大到孩子都不敢去面对，想要逃避了。

2. 不稳定的情绪积压得越多，越容易失控

孩子被同学嘲笑的原因有很多：或是某个生理缺陷，如过于肥胖，脸上有明显的胎记或疤痕；或是一次偶然的失误，如演出出洋相、在课堂上出丑；或是与同学们爱好不同，不合群，比如同学们喜欢打游戏，而他喜欢学习……

一般来说，孩子被嘲笑的原因不同，所做出的情绪反应也不同。比如，因为生理缺陷而被嘲笑的孩子，常常会伴随着苦恼、自卑的情绪；因偶然失误被嘲笑的孩子，会有羞愧、后悔

的情绪；因爱好不同被嘲笑的孩子，会对自我产生怀疑……如果这些情绪没有得到及时的疏导，而是被孩子积压在心里，那就会降低孩子消化情绪的能力，让孩子的情绪变得越来越容易失控。

关于如何帮助孩子解决被同学嘲笑的问题，家长们各有各的方法。然而，不管用什么方法，家长首先要做的都是稳定孩子的情绪，其次才是认真倾听孩子的问题并协助孩子解决问题，具体从以下几个方面着手。

1. 稳定了孩子的情绪

一个人能不能客观地陈述挫折，理智地分析问题，主要由他的情绪决定。情绪越稳定，面对挫折时会越冷静，越能够理智地分析问题、解决问题。反之，情绪越不稳定，遇到挫折时就会越慌、越冲动，越不能正确地看待挫折。孩子被同学嘲笑时情绪如何，决定了他是否会将这件事看成一个挫折，甚至是一个很难跨过的挫折。

因此，当孩子情绪激动或低落地告诉你他被同学们嘲笑了，作为家长，你首先要做的不是急着去开导他、同情他或告诉他要怎么办，而应该是设法稳定他的情绪，比如通过问无关的问题暂时转移他的注意力，等孩子情绪稳定了，再回过头来和他一起分析被嘲笑这件事，让孩子冷静、客观、理智地对待被嘲笑，从而更有效地帮助孩子提升自我。

2. 认真倾听

认真倾听，一是为了搞清楚孩子被同学嘲笑的前因后果，二是为了让孩子有个踏实的心理依托。家长只有搞清楚孩子被嘲笑的前因后果,才能对症下药,正确指导孩子应对挫折;只有成为孩子的心理依托,才能给孩子应对挫折的勇气和力量,让孩子变得更加勇敢、坚强。

父母就是孩子的港湾,当孩子在外面受了委屈时,父母的态度便与孩子的情绪密切关联。如果父母表现得不耐烦,一点儿都不愿意花时间去听孩子倾诉,那只会增加孩子的挫败感,让孩子变得更加自闭。反之,如果父母认真倾听,友好地回应孩子,那很快就会成为孩子的心理依托,既能拉近亲子之间的关系,又能排解孩子内心的不良情绪,这是孩子勇敢应对挫折的前提。

3. 教孩子战胜挫折

有些孩子,一旦被同学嘲笑,就会第一时间找老师、找家长,他们希望老师、家长能替自己出头,能帮自己摆平被嘲笑的挫折。而有些老师、家长也总是愿意替孩子出头,帮孩子去警告那些嘲笑孩子的同学。很多时候,这种方法并不能替孩子解决烦恼,反而会给孩子增加挫折,比如使孩子被孤立,直接导致孩子维护同伴关系的能力下降。

明智的家长自然不会冲动地为孩子出头,也不会对孩子的委屈置之不理,他们知道授人以鱼不如授人以渔,比起替孩子出头,教孩子养成分析和思考问题的好习惯更有价值,更能引导孩子去面对挫折、战胜挫折。比如,有的父母在孩子被嘲笑时,会引导孩子分析别人嘲笑的是事实还是非事实,如果是事实，那这个事实能不能改，要是不能改，孩子应该怎么办。他们就像剥洋葱一样，引导孩子将挫折一层一层地剥开，最终看到挫折的本质，找到战胜挫折的方法。

和同学起了冲突，引导孩子在冲突中找寻认同和理解

学校是孩子最主要的社交场所，同学是跟孩子打交道的主角，在朝夕相处的校园生活中，同学之间难免会产生冲突。对成人来说，孩子之间的冲突并不是什么大事，可对孩子来说，有些冲突就是挫折，是不好解决的。

明明说好的一起打篮球，他却只顾着自己玩，不把球传给我，我很生气。

他踩了我一脚，却没有道歉，我要求他给我道歉，他却说我小气，说他又不是故意的，我就觉得他是故意的，我就要他道歉，然后，我们就打起来了。

对孩子来说，冲突就是挫折，就是难关，就是要争个对错。哪怕就为了一句道歉，孩子也会争得面红耳赤，甚至着急了，还会大打出手。他们会因为一次冲突而生气地告诉对方"我以

后不跟你做朋友了",也会因为一次冲突而偷偷在心里埋下仇恨的种子,变得心胸狭窄。孩子不同,面对冲突时的心理、情绪及表现也是不同的。下面介绍三种孩子面对冲突时的状态。

1."我们吵架了,就不能跟彼此说话了"

孩子的想法总是很简单,与同学发生冲突时,他们会想当然地认为友谊的小船翻了。"我们吵架了,就不能跟彼此说话了。"他们认为吵架的两个人不应该再说话。于是,他们开始冷战,开始假装看不到对方,开始在心里盘算着怎么避开对方,怎么才能不跟对方产生交集。时间久了,冲突依然存在,彼此之间的关系也就疏远了。

2."错的人是他,为什么受批评的却是我?这太不公平了!"

孩子之间起了冲突,孩子的情绪也相应会有冲突。若是大人再插手,对某一方提出批评,那很有可能会激化孩子的情绪,让孩子变得更加愤懑委屈,比如孩子抱怨:"错的人是他,为什么受批评的却是我?这太不公平了!"当孩子产生这种心理时,孩子就已经出现不良情绪了。另外,孩子在冲突的过程中,常常会伴随着冲动、暴力、烦躁等比较过激的情绪,也会因为这些过激的情绪而做出一些出格的行为,比如,两个学生发生冲突了,俩人越吵越激动,最后竟然都选择了暴力。

3."我们俩一直相处得很好,怎么最近突然起冲突了呢?是谁的问题?"

面对冲突,每个孩子的表现都各不相同,有的冲动,有的暴力，有的冷静，在这些不同表现的背后，是各种应对挫折的态度。"我们俩一直相处得很好，怎么最近突然起冲突了呢？是谁的问题？"能做到在冲突面前这么冷静的孩子，在其他挫折面前也依然是淡定理智的。反之，遇到冲突就用暴力解决的孩子，耐挫力常常比较低，很难独立面对挫折。

冲突是孩子在群体生活中必然会遇到的一个挫折，能否顺利跨过，决定了孩子今后的社交和应对挫折的能力。在这个过程中，家长扮演着很重要的角色，是孩子正确化解冲突的指明灯，对此，家长需要做到以下几点。

1. 解铃还须系铃人，引导孩子在冲突中找寻认同和理解

每一个在群体中生活的人，不论是成年人，还是孩子，内心深处都是渴望与他人建立密切关系的。但是，人和人相处，必然会有冲突，只有在冲突中学会找寻认同和理解，人与人之间的友谊才会更加长久，相处才会更加和谐。

当孩子在学校与同学发生冲突时，有些家长会冒冒失失地替孩子出头，导致孩子之间的冲突升级，超出孩子能够独自化解的范围，从而影响了孩子的正常社交。其实，解铃还须系铃人，孩子之间的冲突应该由孩子自己去解决，家长可以扮演一个导师的角色，引导孩子在冲突中找寻认同和理解，让孩子更加懂得尊重和理解他人，收获和谐的人际关系。

2. 教孩子学会心理换位，懂得站在对方的立场化解冲突

每个孩子都是独一无二的，他们的性格、知识、成长环境等都各不相同。因此，同学之间相处，必然会因为这样那样的

原因而产生冲突。而只考虑自己的心情，只站在自己的立场上思考，是孩子之间产生冲突的主要原因。自私、不懂得分享是很多孩子的通病，当他们将这种通病带到学校中时，难免会跟其他同学产生更多的冲突，这对他们融入学校这个集体十分不利。因此，在平时的学习和生活中，家长要引导孩子站在别人的立场上去思考问题，体会别人的心情，只有理解别人的心理，才能明白别人为什么会做出某些自己不理解的行为，从而增强孩子化解冲突的能力。

3. 帮助孩子学会克制冲动，冷静地解决冲突

冲动是魔鬼，这句话对大人、孩子都适用。处在冲突中的两个孩子，情绪本就十分激动，如果不能克制自己内心的冲动，那难免会说出一些伤人的话，甚至使用一些暴力的手段，直接导致冲突升级，使彼此之间的关系闹得更僵。明智的父母善于培养孩子的自控力，他们会引导孩子进行一些克服冲动的训练，比如画画、阅读、数数等，帮助孩子学会克制冲动，从而能够冷静地采取更好的办法去解决冲突。

不被同学接纳只是暂时的,首先要学会真诚地赞美人

对于孩子来说,不被同学接纳就是一种挫折。如果家长不重视,那孩子不被接纳的现状可能会持续得更久,这对孩子的身心健康发展是非常不利的。从某种程度上说,孩子在学校不被同学接纳、被孤立,对孩子的性格发展、学习状态、社交处世、心理健康等都会有一定的消极影响。

为什么我各科成绩那么优秀,同学们就是不愿意选我当学习委员呢?

班级组织活动,同学们都不带我,就好像我不存在一样。

每个人都渴望得到别人的认同和理解,而认同和理解首先要建立在被接纳上。一个不被接纳的人,根本谈不上所谓的认同和理解。如果孩子在学校不被同学们接纳,那他自然就无法得到同学们的认可和理解,这就是堵在孩子社交路上的一道障

碍。不被同学接纳，会对孩子产生哪些消极影响呢？

1. 性格孤僻，自我怀疑

有些不被同学接纳的孩子，性格会变得越来越孤僻，别人不接纳他，他也不会主动跟别人沟通，总是活在自己的世界里。时间一长，他们就会陷入深深的自我怀疑中，就会想当然地以为是自己做错了事，或是自己哪里有问题、自己不优秀等。于是，他们变得越来越自卑，越来越不敢与人交往，心理问题越来越多，严重地影响了他们的学习力和注意力。

2. 心里委屈，厌学情绪增强

有些孩子自尊心较强，在学校不被接纳，回家又不愿意向父母诉说，习惯性地把委屈藏进心里，负面情绪得不到排解，心理负担过重，直接影响了孩子健全人格的发展。另外，在这个过程中，孩子难免会因压力过大等原因而产生厌学情绪，且这种不良情绪会随着心理委屈的增加而增强。

3. 思想偏激，嫉妒心重

"你们不接纳我，我还不乐意跟你们玩呢！"有些孩子的思想会比较偏激，嫉妒心理比较重，且有时会因妒生恨，变得更加自以为是。在这些孩子的潜意识里，自己就是标准答案，自己做什么、说什么都没有错，如果别人不接纳自己，那就是别人的错，别人就变得可恨。他们总是装作一副傲娇的样子，以表示他们不在乎别人的想法。可是，傲娇根本就掩饰不了嫉妒的心，这不过是一种虚伪的体面罢了，不能解决实际问题。

对于孩子来说，在学校不被同学接纳这个挫折并不简单，它不只表示孩子在学校的社交是无效的,还表示孩子的心理、精神、人格等方面的塑造可能已经出现了问题。因此,家长务必重视孩子在学校的社交情况,主动关注孩子的社交心理和状态,积极引导孩子正确进行社交。具体做法如下。

1. 引导孩子放下不被接纳的烦恼,先学习怎么赞美同伴

没有被同学接纳的孩子,大多都会有很多烦愁杂绪,且经常会陷进自己的愁绪里。他们或在思虑自己哪里犯了错,或在猜忌他人的想法,或在思考怎么被他人接纳……总之,不被同学接纳的烦愁永远被他们放在第一位,以至于他们都忘了要怎么去思考了。其实,被别人接纳是有秘诀的,而且这个秘诀很简单,只有三个字,即"赞美人"。因此,当孩子在学校不被同学接纳时,家长首先要做的,就是教孩子怎么赞美同伴。

秘诀很简单,但要让秘诀发挥作用却不是那么容易的,换句话说就是,赞美人这件事并不简单。不是所有的赞美都能让人开心,不是所有的赞美都能起正面作用,那些没有赞到点上的称赞就很没有诚意,很容易引起别人的反感,那种赞美不但不能被别人接纳,反而更让人反感。比如,当别人让你评价一幅画时,"画得真好"就要比"你真能干"更让人开心,如果能再指出好在哪里,就更完美了。因此,家长不但要教孩子学会赞美同伴,还要教孩子怎么赞美到点上。

2. 引导孩子学会多角度、多方位思考问题

有些孩子因为一时不被同学接纳,就急着去否定自我,认为自己一无是处。之所以会有这种极端消极的想法,主要还是

因为孩子学识不多,历事较少,考虑问题片面、易钻牛角尖。因此,在平时的教育中,家长要引导孩子多阅读,让孩子从阅读中汲取知识的营养,丰富孩子的思维。另外,家长可以让孩子独立完成某些事情,比如做家务活、记录家庭账本等,让孩子养成多角度、多方位全面思考问题的习惯,从而能够正确看待不被同学接纳这件事,更加理智地去解决这个问题。

太过内向的孩子,用爱去敲开他的心门

内向的性格会对孩子的情商、语言表达能力、团结合作能力以及责任意识等各种综合能力的发展产生负面影响,直接致使他无法适应学校的生活,将来踏入社会了,也很难克服更多的困难。

 我家孩子有啥事都闷在心里,遇到问题只会自己死磕,从来不会主动向身边人求助。

 我们家孩子就是一个"闷葫芦",见人也不知道打个招呼,不管你批评他多少遍,他就是不打招呼。

孩子有问题不求助、见人不打招呼、不敢在人前说话等都是孩子太过内向的表现。很明显,这些表现都不利于孩子的成长、求学,更不利于孩子抗挫能力的培养。主要原因如下。

1. 内向胆小是挫折产生的源头

过于内向的孩子,做什么都没有信心,平时不敢和小朋友

一起玩,课上不敢举手回答问题,遇到挫折不敢向人求助,见人不敢打招呼,常常独来独往,没有朋友,情绪不高,意志不坚定……内向胆小就像一个活水源头一样,一旦没有被战胜,就会源源不断地产生各种各样的挫折,从而给孩子的身体、心理造成很大的压力。

2. 缺乏信心,不敢挑战挫折

太过内向的孩子,最大的挫折就是自己。因为缺乏信心,这些孩子常常会选择窝在自己的舒适区内,没有勇气去挑战挫折,没有胆量去改变自我。他们会选择隐藏自己的真实情绪,遇到挫折就习惯性地选择退缩。所以,不论在建立关系,还是在学习方面,他们的成长速度都会比较慢。

3. 思想保守,排斥挫折

好奇心是孩子认识世界、学习知识、了解事物的内在动力,与孩子的想象力、学习力、专注力息息相关。一般来说,好奇心越强的孩子,思维越活跃,思想越开放,对挫折越感兴趣,越愿意持续专注地投入学习中。然而,太过内向的孩子,对挫折总是排斥的,他们思想比较保守,大都是家长怎么说、老师怎么教,他们就怎么做,鲜少有自己的主见,不愿意直面挫折。

然而,并不是每一位家长,都能够发现孩子过度内向,看到孩子的问题的。相反,有些家长反而会认为过度内向的孩子是听话、懂事的孩子,并以此为荣。殊不知,这是在亲手将孩子推进抑郁、焦虑、孤独的泥潭。

现在是一个资源共享的时代,也是一个讲究合作的年代,若孩子太过内向，将来是很难在社会上立足生存的。因此，对待过度内向的孩子，家长不能一味地迁就，让孩子待在自己的舒适区，而应该积极引导孩子变得更自信、更活泼、更健康。具体可采取以下对策。

1. 用问题引导孩子克服内向，提升孩子的自我表达能力

一般来说，过于内向的孩子，自我表达能力都相对比较弱，他们很难准确地表达自己的想法和情绪，几乎不会在别人面前大声地表达自己的观点。这时，家长可以通过随时随地向孩子提问题的方式，来积极引导孩子打开心扉、克服内向。值得注意的是，家长最好不要一次性提问或追问孩子很多问题，以免给孩子制造紧张感，导致孩子无法思考，只好语无伦次地敷衍，这只会让孩子变得更加胆小、内向。比如，家长在整理衣物时，可以向孩子提问："你知道商场里的衬衣都是怎么叠的吗？"在孩子身心都放松的时候这样提问，可以消除孩子的紧张心理，让孩子更加自然地表达自我。

2. 挖掘孩子的兴趣，让孩子在兴趣中找到自信

兴趣是孩子最好的老师，也是孩子最愿意谈论的事物。如果孩子太过内向，您不妨试试去挖掘孩子的兴趣，并愿意让孩子投入时间和精力去深入研究这些兴趣，若时间允许，您还可以参与到孩子的兴趣中，和孩子玩在一起、乐在一起、说在一起，让孩子在兴趣中找到自信，变得更积极。比如，您可以陪孩子一起画画、一起踢足球、一起登山等。

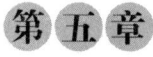

第五章

在学习烦恼中激发学习潜能，让学习更有成就感

学习是一件很幸福的事，也是一件伴随诸多烦恼的事，比如总记不住知识点，为了考试而焦虑，没有学习兴趣，学习效率低，偏科，课堂上坐不住，学习不懂得灵活变通，很努力但成绩不理想，等等，都是孩子在学习中可能会遇到的各种烦恼。这一个个烦恼，就是一道道挫折，只有不断地去克服、去战胜，孩子的学习潜能才能得到激发，学习效率才会提高，学习成就感才会更强。

总记不住知识点,不妨先强化孩子的记忆力

孩子总记不住知识点,每次学习前都要花大量时间复习,老师在课上讲的大都不会,甚至课后家长再重复讲解几次,孩子依然记不住,一合上书就把知识点都抛脑后去了,好像从未学过一样,这直接导致孩子每天的学习时间过长,学习效率低下,学习成绩难以提升,这可愁坏了不少父母。

这篇课文我都读上百遍了,怎么还是背不下来?我咋这么笨呢?

我记得昨晚复习时,还特意多花时间去记这个知识点了,怎么今天一考试,一点儿都想不起来了呢?

孩子记不住所学的知识点,不单单父母会焦虑,孩子也很苦恼,且孩子所承受的压力要远远大过家长。他们或担心完不成作业,或害怕被家长、老师提问,或焦虑考试不理想,或怀疑自己的智商……于孩子而言,记不住知识点,本身就是一个

比较大的学习挫折，但挫折不仅限于记不住知识点，还会因记不住知识点而衍生出更多的挫折，大有牵一发而动全身的态势。可是，为什么孩子会记不住知识点呢？主要原因有以下两点。

1. 对学习抱有抗拒心理，学习自主性低

一个对学习有排斥、抗拒心理的孩子，在学习上会伴有极其严重的拖延症，学习的自主性很低，一旦身边没有老师、父母的督促，他们就会将学习完全抛至脑后。而且，在老师、父母的督促下，孩子的心理也是极不情愿的，他们会认为自己是被逼的，自己学习完全是为了老师、父母，在这样的心态下，孩子想要记住所学的知识点，那简直比登天还难。

2. 被老师、父母说"脑子不好使"

当老师、父母不厌其烦地给孩子进行讲解之后，孩子依然对所讲解的知识点毫无印象时，老师、家长可能就会将注意力转移到孩子的智商上。他们会担心孩子的智商是否健全，就连孩子自己也可能会对自己的智商产生怀疑。这个时候，孩子所面临的挫折就不再只是单纯的记不住知识点了。

"你那小脑瓜子里装的是啥？我这都讲几遍了，你怎么还是不懂啊？""你学习都不带脑子的吗？"有些思维比较极端、眼界比较狭隘的家长，会把孩子总记不住知识点的现状归因于孩子的智商低。"我总记不住学过的知识点，我是不是很笨啊？""肯定是因为我的脑子不好使，才会总记不住知识点的。"有些总记不住知识点的孩子，会不自觉地钻牛角尖，强行将记不住知识点和脑子笨建立因果关系，从而强化自己脑子不好使的消极意识。

诚然,我们并不否认孩子记不住知识点和他的智商具有一定的关联,但智商肯定不是唯一决定因素,这之间还涉及孩子的记忆力、注意力、观察力、想象力、判断力等多项综合能力,尤其是孩子的记忆力。一般情况下,孩子的记忆力越好,越能快速记住知识点,学习效率也越高。因此,当你的孩子总记不住知识点时,你不妨先想办法强化孩子的记忆力。你可以借鉴下面两种做法。

1. 让孩子借助思维导图,将每一个知识点都刻在脑子里

不管在何时何地,当孩子被问及"1+1等于几"时,他都能够立刻给出正确的答案"2",如果孩子对每一个知识点,都能像"1+1=2"这般永远不会记错,那记不住知识点这个挫折就不存在了。有些家长为了让孩子能够长久地记住知识点,他们或强迫孩子死记硬背,或让孩子一遍一遍地做题,企图通过大量的练习来强化孩子的记忆力,遗憾的是,这两种方式所取得的效果并不理想。

其实,不断地重复背记、不断地做题练习这两种方法,极易引起孩子的大脑疲劳、罢工,很容易让孩子产生消极应付的学习心理,对强化孩子记忆力的作用并不大。因此,这两种增强记忆力的方法并不可取。

我们建议家长借助思维导图的方式来增强孩子的记忆力,主要原因有以下几点:第一,思维导图具有简洁、有条理、有逻辑等特点,可以帮助孩子理解所学的知识点,从而通过直接

增强孩子的理解能力来间接加强孩子的记忆力；第二，思维导图是一种图形和文字的组合体，可以对孩子的思维能力进行训练，同时也能启发孩子的联想力和创造性；第三，思维导图可将所学的知识点变成一个可视化的过程，让知识点从孩子的脑海中转移到具体的平面上，化抽象为具体，让孩子的记忆变得更深刻。

2. 合理规划孩子的作息，保障孩子的生活质量

有些家长对"只要功夫深，铁杵磨成针"这句话有一定的误解，他们认为只要孩子肯花时间学习，肯定能熟练地记住并掌握所学的知识点。于是，他们给孩子制订紧张密集的学习计划，这些计划始终是将学习放在第一位的，甚至还会剥夺孩子吃喝拉撒睡的时间。即便是这样，孩子依然记不住或记不牢知识点，这让家长们很崩溃。

家长不能片面地以孩子花在学习上的时间的长短来判断孩子是否在努力学习，这样的评判标准是不科学的，也是没有价值的。想要从根本上帮助孩子解决记不住知识点这个挫折，就得先保证孩子有健康的身体、足够的睡眠、均衡的营养、乐观的心态，而这些都能够在一定程度上提升孩子的记忆力，帮助孩子战胜记不住知识点的挫折，提高孩子的学习效率和乐趣。

考前紧张焦虑,设法帮助孩子放松身心

考前紧张焦虑,其实是孩子在心理和精神上遇到了挫折:心理上,孩子想要考出优异的成绩,又担心自己考不好;精神上,孩子生怕考砸了挨老师批评,受同学嘲笑,让家长失望。因此,考前容易紧张焦虑的孩子,总把考试当成一个巨大的挫折,一到考试就紧张焦虑。

不知道为什么,越是重要的考试,我就越紧张,越紧张,脑子就越混乱。

每到期末考试前的一周,我总会一整夜一整夜地失眠,怎么也睡不着。

过度焦虑、紧张、食欲不振、拉肚子、浑身没劲、头晕、注意力涣散、失眠、嗜睡、记忆力不佳、情绪低落等都是孩子考前紧张焦虑的表现。很显然,这些考前紧张焦虑的表现都不利于孩子的身心健康,会给孩子留下很大的心理阴影。一般情

况下，孩子考前紧张焦虑的原因有如下几点。

1. 一次考砸，次次有阴影

有些孩子之所以考前会紧张焦虑，主要是因为他们陷入了考试阴影的恶性循环中。这些孩子的抗压能力较弱，只要有一次考试考砸了，他们就很难走出考试的阴影，以至于之后的每一次考试，他们都会异常紧张，越紧张越无法发挥自己的正常水平，越容易考不好，考试阴影越大，对下一次考试的结果越没有信心。如此一来，考试阴影就成了一个恶性循环。

2. 平时不学习，考前瞎磨枪

有些孩子平时不愿意好好学习，等到要考试时，就如热锅上的蚂蚁一般，坐卧不安，本想着临时抱抱佛脚、磨磨枪，无奈心中焦虑，心情烦躁，难以静心学习，只剩下紧张焦虑，竟一时找不到佛脚，不知要如何磨枪，要么瞎磨，要么干脆焦虑过度、注意力涣散、脑袋一片空白，随之而来的便是各种考前紧张焦虑的表现。

3. 父母给孩子的压力太大

很多父母非常看重孩子的考试成绩，一旦孩子考得不好，他们就会对孩子进行指责、批评，甚至还会动手打骂孩子。这样的父母，会给孩子很大的压力，很容易让孩子患上考前焦虑症，出现考前紧张、焦虑、心悸、失眠、食欲不振、恶心、头晕等各种身体不适的症状。

对于考前焦虑紧张的孩子，家长不能总是一味地强调考试的重要性，更不能强制要求孩子必须要考多少分，这只会给孩子的心理和精神带去很大的压力，让他紧张焦虑的状况变得更加严重。

那么，当孩子考前焦虑紧张时，家长应该怎么做呢？

1. 转移孩子的注意力，帮助孩子放松身心

当孩子在考试前总是紧张焦虑时，家长要设法帮助孩子放松身心，以缓解孩子的紧张焦虑。家长可以借助音乐、电影、运动等方式将孩子的注意力从考试紧张焦虑的情绪中转移出来，让孩子适度地排解压力。比如，当孩子因为面临考试而失眠时，家长可以陪着孩子一起跑跑步，再让孩子洗个热水澡，这种方式不但可以缓解孩子的紧张焦虑，还可以提升孩子的睡眠质量，保障孩子的身心健康。

2. 父母端正态度，正确对待孩子的每一场失败的考试

孩子在学习生涯中，会面临一场又一场考试，而这一场又一场的考试，没有哪一场可以决定孩子的人生。因此，家长应该正确对待孩子的每一次考试，不要片面、狭隘地仅以一次考试分数的高低来评判孩子的未来，更不能因为孩子一次考砸而全盘否定孩子，这对孩子并不公平。

事实上，每一次考试只是针对某个阶段的学习情况而设置的检测，只是代表孩子某个阶段的学习状态及对所考知识点的掌握情况，根本不能以此来评判孩子是聪明还是愚蠢，更不能因此而决定孩子的人生。因此，每一位家长都应该端正自己的心态，理智、认真地对待孩子的每一场失败的考试，不指责、不抛弃、不放弃，帮助孩子查漏补缺，提高孩子的学习效率。

3. 引导孩子用平常心对待考试，学会享受考试过程

考前是否会紧张焦虑，与孩子对待考试的心态息息相关。有的孩子心态很好，面对考试不慌不忙，生活依旧是一如既往，心情完全不受影响；有的孩子心态较差，一到考试就紧张焦虑，吃不下饭，睡不好觉，心情总是很沉重，无法好好体验考试过程。对于心态较差的孩子，家长除了不能给孩子施加太多压力外，还要积极引导孩子调整心态，让孩子学会用平常心去对待考试，懂得享受考试的过程，从而能够更勇敢地面对考试。

糟糕的厌学情绪,培养读书兴趣才能主动学习

当孩子对学习不积极,甚至不想学习、排斥学习时,他有可能是遇到了糟糕的厌学情绪。一旦孩子的内心产生了厌学情绪,那他的学习态度、学习动机、学习目标以及学习行动便会自然而然地偏离正确的轨道,严重的话,可能会导致孩子逃学,甚至辍学,这是不利于培养并提升孩子的综合素质的。

我一看到书就头疼,一想到要读那么多年的书就烦躁,真的是一点儿都不想去学校啊!

要不是我爸天天逼着我去学校,我才不愿意去学校那么无聊的地方呢!

孩子不想去学校、认为学习很无聊、对学习不感兴趣、学习时心不在焉、上课如坐针毡、课堂上看无关书籍、总是完不成作业、遇到难题就跳着做、上课躲在角落里等,都是孩子有厌学情绪的表现,也是孩子在学习道路上遇到挫折的表现。孩

子遇到这样的学习挫折，必然是有原因的，比如下面几个原因。

1. 没搞清楚自己是为谁读书

为谁读书，是每个孩子都应该搞清楚的问题，因为这个问题的答案中隐藏了孩子是否有厌学情绪。那些为了父母的期望或被老师要求着读书的孩子，一旦在学习上稍微遇到点儿挫折，就很容易滋生厌学情绪，比如当他们的学习基础稍微弱点儿，一时跟不上老师的进度或遇到难题不能自己解答时，他们就会产生厌学情绪。

2. 不明白为什么要花时间读书

如果一个孩子没搞清楚为什么要花时间读书，每天只是迷迷糊糊地上课、下课、上学、放学，日复一日地学着枯燥、与生活关系似乎不太大的知识，那他的潜意识里必然会有一个疑问：我为什么要花时间读书呢？由这个疑问展开去，孩子的心里便会出现一系列的疑惑，比如：我为什么不把这些时间都花在自己喜欢做的事情上呢？在学校上的这些课真的有意义吗？没有这些知识点，我也能活得很好啊，为什么还要花时间、金钱去学习呢？

很多时候，孩子只会将这些疑问藏在心里，这些疑问的答案也只有一个，即孩子自己的答案。然而，孩子本身的阅历、知识、视野都是有限的，他们能给出的答案大多也是狭隘、否定的。而这些狭隘、否定的答案一旦在孩子的潜意识中存在，那孩子产生厌学情绪的概率就会增大很多。

当今时代，竞争与合作共存，科学技术不断进步，这对新一代学生的整体素质提出了很高的要求,这些素质包括文化基础、专业素养、表达交流、自主学习等。一旦孩子产生厌学情绪,这些素质就无从谈起了。因此,家长务必要重视孩子的学习态度,对于有厌学情绪的孩子,家长可以培养孩子的读书兴趣,让孩子主动学习,具体方法如下。

1. 正确认识为谁读书,让孩子在内心深处建立学习兴趣

每个孩子读书的动机都是不一样的,却又都是一样的,关键取决于孩子能否正确认识自己在为谁读书。那些对学习内容感兴趣,认识到学习对自我的价值和意义的孩子,都能够自主、积极地对待学习,还能在内心深处建立起对学习的兴趣,即便在学习上遇到挫折,他也能坚持学习、继续学习、主动学习。

家长要明确告诉孩子,读书并不是为了实现父母的期望,满足老师的要求,获得他人的赞美等,而是为了学习知识,为了自己成长成才,为了实现自我价值,为了祖国今后的发展……让孩子正确认识自己正在为谁读书、为什么要读书,帮助孩子由内而外获得成长,从而能够设定合适的学习目标,愿意在内心深处建立学习兴趣。

2. 借助兴趣激发求知欲,培养孩子强大的自主学习力

有些厌学的孩子认为学习是件苦差事,可迫于家长、老师的压力,他们只好每天疲于应对各个科目的学习,没有求知欲,更没有主动性,懒得动脑思考,厌学情绪越来越强烈。

都说兴趣是最好的老师,面对求知欲低、自主学习能力不强、又懒得动脑思考的孩子,家长可以充分利用孩子的兴趣,

借助孩子的兴趣来激发孩子的求知欲，并以此培养孩子强大的自主学习力。比如，当孩子喜欢打游戏时，家长可以给孩子科普游戏的知识，给孩子介绍游戏背后的开发者的故事，并告诉孩子怎么做才能把游戏打得更好，才能成为厉害的玩家，突出体现学习的重要性，让孩子主动去探索知识，养成自主学习的好习惯，彻底消除糟糕的厌学情绪。

毫无目的地学，不如一起来制订学习计划

有些孩子喜欢学习，且学习的时间还不短，但学习效率、学习成绩总是不太理想，家长们对此表示很无奈。都说只要孩子肯在学习上花时间、下功夫，成绩自然不会太差，可事实却总是大相径庭、令人失望。之所以会出现这种状况，主要是因为孩子总在毫无目的地学，虽然学习时间不短，但学习效率、学习效果却很难得到保证。

我总是逮着什么书就学什么，一学就学到睡觉。

我学习全看心情，什么时候想学了，就什么时候学。

孩子学习时毫无目的，要么拿到什么书就死学什么，要么学什么全看心情……如此散漫、随意的学习态度，学习效率怎么会高呢？学习成绩又怎么能好呢？事实上，在孩子学习的道路上，毫无目的本身就是一个学习上的挫折，孩子能否战胜这

个挫折,直接决定了他的学习效率能否得到提升。

导致孩子学习毫无目的的因素有很多,以下三点比较常见且具有代表性。

1. 学习科目太多,"优先学哪科"变挫折

有这么一些孩子,当他们专心钻研、学习某个学科时,总能取得不错的成绩,换句话说,他们是有学习能力的;可一旦学科多了,他们的各科成绩反而变得不理想了,几乎每一科都表现得一般般,这究竟是为什么呢?

其实,每一个孩子所要学习的东西都很多,这些东西涉及多个学科。如果只是单纯地学习某一学科,那绝大多数的孩子都能将这个学科学好、学扎实;可一旦学科多了,有些孩子就不知道应该先学哪科了。这就直接导致这些孩子哪科都不行,哪科都学不好、学不扎实。于是,"我应该优先学哪科呢?"就成了某些孩子的学习挫折。

2. 知道要学什么,"怎么学"又成了难题

与不知道学习哪个科目的孩子不同,有些孩子知道自己应该优先学习哪些科目,却不知道要怎么学。之所以会出现这个挫折,主要是因为学习不同的学科有不同的思维和方法,在多学科的转换学习中,有些孩子的思维可能一时无法转换,有些孩子则因为缺乏学习某个学科的思维,出现偏科的情况,影响整体素质的提升。比如,当孩子做完数学作业,准备学习英语时,他觉得英语学习好枯燥,还是数学学习有趣得多,从而更愿意再做几道数学题,这就导致孩子花在数学上的时间多,花

在英语上的时间少,从而影响孩子的英语成绩。

3. 情绪波动大,学习总被情绪牵着鼻子走

有些孩子情绪极不稳定,学习总受到自我情绪的干扰。情绪稳定时,学习效率就高;情绪糟糕时,学习毫无效率可言。就这样,孩子的学习效率随着学习情绪的大起大落而时高时低,学习也因此而变得毫无目的。比如,当孩子处于极度愤怒的情绪中时,家长却要求孩子立刻去学习,在这种愤怒的情绪下,学习这件事也随之变得烦躁起来,书本上的知识瞬间变得毫无意义,甚至会让孩子的情绪变得更加激进,这样的学习并没有多大意义。

毫无目的地学,并不利于激发孩子的上进心,也不利于培养或提升孩子的逻辑思维能力、专注力以及学习效率。因此,与其让孩子毫无目的地学,浪费时间和精力,家长不如协助孩子一起制订可行的学习计划,让孩子有比较明确的学习目标,知道自己要学什么、怎么学、什么时候学。具体可以从下面两点着手。

1. 让孩子自己制订学习计划

有些家长会自作主张地帮助孩子制订学习计划,并强行冠上"为你好"的名义,强制要求孩子按照自己制订的计划来开展学习。这些家长在为孩子制订学习计划时,要么凭自己多年的生活、学习经验,要么参考教科书上的科学计划,就是不主动询问或不愿倾听孩子的想法。于是,家长就像是在给自己制订学习计划,而不是在帮孩子制订学习计划。

很显然，家长制订的学习计划并不一定适合孩子，甚至还可能会导致孩子反感，引发孩子的厌学情绪。其实，孩子的计划还得由孩子自己来制订。即便是家长，也没有孩子自己了解自己。家长可以作为参与者，协助孩子制订更科学、更切实可行的计划，帮助孩子树立时间意识，提高时间的利用率。

家长在引导孩子制订学习计划时，一要看是否有目标，二要看是否具有可操作性，三要检查时间的安排是否合理，比如睡眠的时间是否充足，游戏时间是否太长，有没有锻炼身体的时间，等等，至于具体计划要怎么制订，还得由孩子自己来制订。

2. 让孩子认真执行学习计划

制订计划不是拿来显摆、观赏的，而是要具体执行的。如果不按计划落实或者没有坚持计划，那计划就成了一个摆设，是没有任何意义的。让孩子养成落实计划的最好方式，就是让孩子成为学习的主人。只有孩子意识到自己才是学习的唯一主人，学习是自己的事，他才会发自内心地制订属于自己的计划，并坚持落实计划。再完美的计划，也得孩子愿意坚持去执行，这样计划的意义才能实现。

无奈的偏科,从引导孩子端正学习态度开始

偏科,是很多孩子都很头疼的问题。有些孩子在某门功课上是佼佼者,可在另一门功课上却差得让人难以置信。对于偏科的孩子,家长、老师们总是又爱又恨,有时候也不知道要怎么去帮助孩子解决偏科的问题,甚至有些家长会认为孩子天生就不是学某个或某类学科的材料。其实,每一个偏科的孩子,都不会无缘无故偏科。

我们数学老师课讲得不好,我不愿意听他上课,也不愿意学习数学,就是要让他难堪。

自从上次英语考得一塌糊涂之后,我就再也不愿意花时间学英语了,也因此越来越讨厌英语,英语成绩直线下降。

每一个孩子偏科,都有他自己的原因。有的是因为不喜欢某门学科的老师,从而拒绝学习某门学科的知识;有的是先入

为主地给自己灌输了某种观念,如女生就是学不好数学,男生英语差;有的是认为某个学科不重要,就干脆不花时间去学了;有的是因为学习方法不对,即便花了大量时间去补课、去练习,可成效却是极其微小的……不管是因为什么原因,偏科这件事对孩子来说都是一个学习挫折,是挫折就会对孩子的正常学习产生一些不好的影响,主要表现在以下两个方面。

1. 木桶效应:偏科会拉低孩子的学习能力

一个水桶最短的那块木板,决定了这个水桶能装多少水,这就是木桶效应。同样的道理,一个孩子的学习能力有多强,主要取决于他最差的那门功课。有些家长或孩子会说:"我这门功课不好,但我可以在喜欢的功课上多做练习,照样可以提高平均分。"的确,从短期来看,这是可以实现的;但若着眼于长远,这显然是行不通的。

另外,学校所开设的每一门学科,都是很重要的,且学科之间的知识、思维、能力等都是相通的,一旦哪个学科学不好,就很有可能会影响其他学科的学习。比如孩子语文成绩不好,言语分析和阅读理解能力缺乏,就会影响孩子对数学题目的理解、分析和判断。

2. 偏科会降低孩子对学习的自信心

孩子的考试成绩不单单只是鲜红的数字,这数字背后还包含了不少故事和情绪。家长、老师们根据这个成绩来判断孩子是否偏科。对孩子来说,考试成绩的高低,就是影响他学习自信心的关键因素。成绩越高,孩子的学习自信心越强,越愿意加强自主学习；反之，成绩越低，孩子的学习自信心就越弱，甚至会丧失对某个学科的学习自信。

孩子是祖国的未来，一个连学习自信心都没有的孩子，怎么撑得起祖国的未来；一个连偏科都战胜不了的孩子，将来要如何去应对生命中出现的各种挫折？从表面上看，孩子偏科对他的正常学习和生活似乎没有太大的影响，可一剖开实质，孩子偏科直接降低的是孩子的学习自信心。当下可能只是降低某一学科的自信心，可是未来呢？可能是某类、某几类，甚至还可能是全部学科，直接表现为厌学、想弃学。

其实，偏科的孩子是有一定的学习能力和学习兴趣的。如果家长、老师主动、积极、正确引导，还是能够改善或彻底改变孩子偏科的现状的。每个孩子偏科的原因都不同，家长、老师在引导时，要因人而异，具体情况具体分析，力求最大限度地帮助孩子解决偏科问题。具体可以从以下几点着手进行。

1. 人无完人，引导孩子学会看到别人的闪光点

有些孩子之所以会偏科，是因为他们不喜欢老师，或是觉得老师水平不高，或是老师形象不美观，或是单单不喜欢老师的言行举止等。以孩子的年龄和阅历，他们眼里所看到的总是自己想看的东西，因此，他们会放大老师的缺点，会强化自己的抵触心理，从而忽视某学科的知识和学习的价值。

面对这样的孩子，家长要先帮助孩子消除对老师的抵触心理，可以选择坐下来跟孩子耐心地沟通，让孩子明白：人无

完人，每个人都是有缺陷的，我们的眼睛不能只盯着别人的缺陷和不足，还应该看到别人身上的闪光点，引导孩子发现老师的闪光点，学会尊重老师，向老师学习好的、优秀的知识和品质。

2. 没有不重要的学科，告诉孩子学习心态要端正

"这门功课不重要，不学也无所谓的。"认为某门学科不重要，是某些孩子偏科的主要原因。很显然，这种学习心态是错误的。在这种错误的心态下，孩子的学习心气必然会受到一些负面影响，直接增大了偏科的可能性。

面对这种现状，家长、老师要合力引导孩子认识每门学科的重要性，除了从整体平均分上来强调学科的重要性外，还要让孩子意识到学科之间相辅相成的关系。比如，语文里学的主谓宾和英语中主谓宾的作用就是相通的；通过学习语文所形成的阅读理解能力对每一个学科都是适用的，而且都非常重要。因此，家长、老师要帮助孩子意识到没有不重要的学科，端正孩子的学习态度。

3. 帮助找到适合自己的学习方法，建立学习自信心

有些孩子偏科，并不是排斥老师或认为学科不重要而不学，相反，他们会主动花时间和精力去学习比较薄弱的学科，但最终收到的效果并不理想，这对他们的心理打击是非常大的。之所以会产生这种现象，主要还是因为孩子没有找到正确的学习方法，直接导致孩子的学习时间和学习效率不成正比。

针对这种情况，家长、老师不能只看到成绩而忽视孩子所

付出的努力,而应该适当地给孩子一些鼓励,并帮助孩子找到适合自己的学习方法,慢慢提高孩子的学习效率,建立孩子的学习自信心。

学习注意力不集中，有意培养孩子的专注力

在学习这条路上，每个孩子都必然会遇到各种各样的挫折。其中，学习注意力无法集中，是多数孩子都会遇到的。凡是正在经历这个挫折的孩子，都必然会做出一些让家长、老师很头疼的行为。

我在上课时总走神儿，脑子里总在想一些杂七杂八的东西，根本听不到老师在讲什么。

我上课时总忍不住要做一些小动作，和同桌说一些悄悄话，有时候还会故意扰乱课堂秩序。

孩子做作业拖拉、在课堂上坐不住、知识点记不牢、学习三心二意等，都是孩子学习注意力不集中的表现，这些表现直接关系到孩子学习知识的能力和效率，影响孩子观察力、记忆力、想象力、思维力的提升，具体表现如下。

1. 导致孩子学习效率低

学习需要专注,只有做到心到、脑到、眼到、手到,才有可能把知识学到。然而,注意力不集中的孩子,经常会被周围的因素干扰,哪怕是轻微的声响,都能将他们的注意力从学习中转移出去,而孩子的注意力尚不稳定、自制能力也不是太强,注意力一旦被转移,就需要再花一段时间来重新集中,且在这段时间里,很难保证周围再没有其他干扰因素。注意力总是被干扰中断,直接降低了孩子的学习效率、记忆力和思维力,严重的还会导致孩子学习毫无效率,出现厌学、弃学等极端消极心理。

2. 影响智力的健全发展

学习时总拖拖拉拉、无法按时完成作业、思维迟钝、记忆力、自制力差、自理能力差、没有求知欲、缺乏好奇心、对新鲜事物不敏感、考虑问题不周到……这些都是孩子智力不健全的表现,都是注意力涣散造成的后果。

智力是孩子学习知识、获取经验、认识客观事物及解决问题的能力,主要由注意力、观察力、记忆力、想象力和思维力共同构成,而注意力又是观察力、记忆力、想象力和思维力的基础,是孩子学习一切知识的基础。因此,让孩子养成注意力集中的习惯十分重要。若孩子注意力涣散,那么家长就需要有意培养孩子的专注力。下面几点是关于培养孩子专注力的建议。

1. 帮助孩子克服畏难情绪,从容应对挫折

有些孩子畏难情绪比较严重,一旦在学习上遇到稍微有点

儿难度的题目，或是一次考试不理想，或是课堂上听不懂某个知识点等，他们的情绪就会变得异常烦躁，注意力也会因情绪的不稳定而无法集中。因而，他们一旦遇到挫折，首先表现出来的就是崩溃，就是在还没搞清楚挫折是什么之前，就直接向挫折投降。

但是，成长中必然会遇到挫折，单拿学习过程来说，就是挫折连连的。因此，家长要帮助孩子克服畏难情绪，让孩子拥有敢于直面挫折的勇气，从而能够从容应对各种挫折。家长可以帮助孩子分析面前的挫折，用提问的方式引导孩子思考，教孩子学会反思。比如，当孩子在做数学题遇到难题而情绪失控时，家长可以陪孩子坐下来，微笑着说："我们来看看是什么知识点能难住我们家宝贝呀？"然后陪孩子一起审题，用提问的方式一步一步引导孩子搞清楚本题所考的知识点，引导孩子自己去翻找所考的知识点，重新再学习一遍知识点，用耐心教导孩子遇到挫折不要慌，而要一步一步地理智解决。

2. 抓住孩子爱玩的天性，用游戏培养孩子的注意力

爱玩是每个孩子的天性，但不是每个家长都愿意保护孩子爱玩的天性。有的家长认为玩纯属是在浪费时间，没有任何价值；有的家长则认为孩子应该以学习为主，就因为有些家长各种自以为是的"认为"，有些孩子玩耍的时间被强制剥夺了，爱玩的天性被压制了。

其实，玩也是一种学习、一种能力。会玩的孩子，思维活跃、观察力敏锐、动手能力强、注意力集中，尤其是在玩自己

感兴趣的游戏时,他注意力的稳定性、持久性都是非常强的,这对培养孩子的专注力是极为有效的。因此,家长不能一根筋地认为"游戏对孩子没用""玩耍属于浪费时间",而应努力抓住每一个机会,以培养孩子的专注力。

3. 树立时间意识,加强孩子的自我管理

有些孩子在学习时三心二意,课堂上也不认真听讲,注意力十分涣散,主要是因为他们没有时间意识。"反正时间多的是,今天不学,明天再学也行嘛!""反正每天都要上学的,听不听课都无所谓。""作业今天做不完,那明天再做嘛!"正是因为孩子的时间观念不强,才导致他们精神涣散,从而对自我的管理也就松散了,学习时注意力自然而然地就不集中了。

对于这种没有时间意识或时间意识不强的孩子,家长要让孩子树立时间意识,让孩子意识到时间是不可逆的,过去了就再也回不来了。家长可以借助沙漏、时钟、成长记录相册等物品帮助孩子树立时间意识,让孩子感知到时间的流逝,从而认识到时间的可贵,愿意主动加强自我管理,集中注意力学习或做事,提升时间的利用率。

学习固化不懂变通,科学训练思维方式很关键

在大多数人的潜意识里,孩子的小脑袋瓜里总是充满了各种天马行空的奇思妙想,令人感到神奇。所以,人们一旦遇到那种思维固化、死板教条、照抄照搬大人遵嘱、不会举一反三的孩子时,就会感觉怪怪的,好像哪里不对劲。其实,人们之所以会感觉到不对劲,是因为这些孩子遇到了不懂变通、思维固化的挫折,这种挫折一旦出现在学习上,那孩子的创新、创造能力就会被各种条条框框扼杀。

这孩子怎么就这么"死脑筋"呢?这同样的题型,连语句都没变,就换了几个数字,他就不会了。

说来有些可笑,我们家孩子学画画时,我跟他说田里的稻谷是弯着腰的,谁知他画的幼苗竟然也都是弯着腰的,我问他原因,他反过来问我:不是您说的吗?您说稻谷都是弯着腰的呀?

思维死板、固执已见、问不出"为什么"、模式化解决问题的方式等，本应该是成年人受自己已有的知识束缚才会遇到的挫折，而孩子的思维应该是活跃的，不管是在学习上，还是生活上，都会有很多"为什么"的，这是孩子认识新事物、学习新知识所应该具备的基础。然而，让人遗憾的是，有些孩子已经或正在丧失这些基础能力，正在向刻板、呆滞、固化的思维转变，他们学习固化，不懂变通，这让很多家长疑惑不已，到底是哪些因素使孩子的思维固化了呢？

1. 家长思维固化，孩子模仿到家

模仿是孩子探索和学习知识时最常用的方法，他们会去模仿大人的说话、做事以及思维方式，而且大都模仿得十分到位。因此，如果家长没有自主思考，习惯按照社会规范或个人经验做事，那孩子在模仿家长时，思维必然也会受到影响。

比如，妈妈让爸爸洗碗，结果爸爸就只是洗了碗，而且洗完的碗还随便摆放在水槽边上，炒菜的锅、厨房的桌子、地板都没收拾，妈妈埋怨时，爸爸还会强词夺理地说："你就只是叫我洗碗呀，又没说要刷锅、擦桌子、清理地板。这不怪我呀！"在爸爸固化思维的影响下，孩子不懂得变通便也在预料之中了。

2. 事事都立标准，标准禁锢了孩子的思维

有些家长力行"没有规矩，不成方圆"的教育方式，时时处处给孩子立标准、建规矩，比如解答数学题时必须按照教科书上的步骤来，书上怎么解，就要怎么答，多一步少一步都不行。久而久之，孩子的思维就被各种标准禁锢了，应变能力、

创新能力、思辨能力也因此被生生扼杀了。

其实，很多时候，家长所立的标准只是家长自己以为"正确"的标准，而这个标准是否真的正确、科学、合理还是要打个问号的。因此，家长可以让孩子学习标准，但不能以标准为由，强制给孩子立各种标准，以免孩子的思维被标准禁锢。

3. 固有思维模式安全、稳定，孩子不敢改变

不管是大人，还是孩子，都乐意在自己的舒适圈里待着，就连思维模式也习惯用自己固有的。之所以孩子习惯用固有思维模式，主要有两方面的原因：一是因为孩子怕改变固有思维后，得到不理想的成绩；二是孩子对家长、老师绝对信任，把他们的话奉为金科玉律，生怕改变后做错事。

其实，有些孩子并不是不知道自己思维固化、不知变通，可他们就是不愿意或不敢做出改变，因为固有思维模式可以给他们安全感和稳定性，让他们觉得心里踏实，即便固有思维模式对他们的学习造成了影响，他们也会固执地坚持下去。

创新能力是当今及未来社会对人才的要求，那些思维固化、学习不懂变通的孩子很难快速接受新知识，甚至会拒绝接受新知识，这样的孩子一旦踏入社会，是很容易被时代抛弃的。因此，面对那些学习固化、不懂变通的孩子，家长要采取科学的方式，对孩子的思维进行训练，以培养孩子多元化的思维方式。下面是给家长的几点建议。

1. 不给孩子的想象力画圈

孩子的脑子里总有一些不着边际的奇思妙想，然而，有的

父母喜欢给孩子的想象力画个圈,比如,当孩子画太阳时,家长会告诉孩子太阳是圆的,是发着光的,当孩子按照自己的想法胡乱画时,家长会在一旁进行干扰,"这样画是不对的……""你应该怎么画……"时间久了,孩子的想象力就被家长所画的圈毁掉了。有些家长不知道,不给孩子的想象力画圈,就是对孩子思维方式的最好保护。

2. 利用阅读丰富孩子的知识储备,增加孩子的阅历

有些孩子学习固化、不懂变通,主要是囿于自身有限的知识储备和阅历。对于这类孩子,家长不能一味地要求孩子把精力都放在校内的学习上,还要鼓励孩子多阅读各类书籍,利用阅读来丰富孩子的知识储备,增加孩子的阅历,打开孩子的眼界和思维。

3. 多问孩子"为什么",鼓励懒得思考的孩子思考

爱思考,且愿意思考、善于思考的孩子,不会害怕遇到挫折。然而,学习固化、不懂变通的孩子大多懒得动脑、懒得思考,遇到挫折就会慌张。针对这种情况,家长可以多问孩子几个"为什么",以引导孩子养成思考的习惯;如果孩子总是用固化的思维给出答案,那么家长可用"为什么"的方式引导孩子换个角度重新思考,力求打破孩子呆板、固化的思维。

陷入努力也不理想的瓶颈，试试调整学习方法

有些孩子上课看起来很认真，课下也很自觉，就连玩耍的时候，都还惦记着自己的作业没做完，可即便是这样，他们的成绩依然不理想。"孩子平时都那么努力了，这成绩不理想我也不好说啥，怕伤孩子的心啊！"面对努力但成绩不理想的孩子，家长们很无奈，甚至有些家长干脆直接放任孩子自生自长，只要孩子努力学习，就不再过问孩子的成绩。

都说早起的鸟儿有虫吃，可我们家孩子更像是早起的虫子，被英语给吃定了。孩子每天6点准时起床背单词，读英语课文，可英语水平依然糟糕得一塌糊涂，英语单词记不住，英语句子语法不通，英语考试从没及格过。

> 每次孩子做错题、写错生字、拼错单词，我们都会罚他抄几遍，孩子也不生气、不抱怨、不讨价还价，大人说抄几遍他就认真地抄几遍，但是抄完之后，之前错的题、生字、单词照样错，真是令人头疼啊！

漂亮工整的笔记、早起背英语、自觉勤奋学习、认真抄写错题等都是孩子努力学习的行为表现，从这些行为表现中，我们似乎看到了孩子积极主动的学习态度、吃苦耐劳的品质以及勤奋认真的作风，这些都是家长、老师所看重且发自内心感到欣慰的行为和态度。可就是拥有这些值得称赞的品质和态度的孩子，遇到了努力也无法取得理想成绩的挫折，不少家长、老师对此都感到很疑惑。为什么孩子努力了，却无法取得理想的成绩呢？主要原因有以下几点。

1. 孩子可能正执着于表演假努力、假学习

有些孩子学习很努力，但只是看起来很努力而已，他们只不过是在假努力、假学习。有些孩子之所以会沉迷于表演假努力、假学习，主要原因有三点：一是老师、家长喜欢，孩子以此来博得大人的爱；二是因为这种假努力、假学习比真努力、真学习轻松得多；三是这种表现可以成为自己成绩不理想的保护伞，老师、父母不会因为成绩不理想而责怪自己不努力、不认真，因为自己的确很努力。

2. 孩子只是在机械性地记笔记

有的老师、家长总是对孩子强调"好记性不如烂笔头",总是鼓励孩子要多动笔、多记笔记,有的孩子很听话,他们勤于动笔,喜欢做笔记。课堂上,他们一字不落地记下老师说的每一个字;课后,他们工工整整地重新抄写课堂笔记。但是,他们不是在为学习而记笔记,而是在为记笔记而记笔记,只是一个机械性的过程,并没有动脑。这样的烂笔头远不如好记性!

3. 孩子闭门造车,不愿跟老师、同学交流

有些孩子只顾自己埋头苦学,不愿意跟老师、同学过多交流,他们之所以这样,原因有两点:一方面是他们过于自信,认为自己的学习方法是最好的,不屑与他人交流;另一方面是他们自卑,生怕别人嘲笑自己的学习方法不好、过时,或是生怕别人掌握自己的学习方法而变得比自己更优秀。因此,他们选择闭门造车,会与不会都埋在心里,甚至有时候都不知道对不对,只顾按自己的想法来。

功夫不负有心人,但前提是你得有心。如果孩子只是在假努力、假学习,记笔记过手而不过脑,学习完全不走心,那花在学习上的功夫、时间,只能算是白白浪费,孩子的成绩不会因为花的时间长而有所提升,反而容易让孩子陷入努力也不理想的瓶颈。当孩子的学习陷入努力却不理想的瓶颈时,家长不能因为孩子学习自觉、努力而不去干涉他,可以在保证孩子学习态度和品质的前提下,试试调整孩子的学习方法,提高孩子的学习效率。具体方法如下。

1. 告诉孩子动手动脑的同时，也要用上耳朵、眼睛和嘴巴

学习是一个综合使用并发挥各种感官功能的过程，孩子在课堂上用手记笔记的同时，也要用脑去思考，用耳朵去听讲，用眼睛去观察，用嘴巴去表达，只有所有能接收知识的通道都畅通，孩子才能正确、高效地认识、掌握并消化课堂上的知识，学习专注力会因此而得到有效训练，听课效率也会得到很大的提高，从根本上提升孩子的学习效率。

2. 增强孩子的主观能动性，培养深度学习思维

在孩子学习的过程中，家长要善于发挥孩子的主观能动性，鼓励孩子充分利用大脑去记忆、思考和反省，能动地去学习知识、文化，以培养孩子深度学习的思维，进而能够对所学知识活学活用，能动地用这些知识去拓宽视野、创造价值。

要让孩子在学习上自觉发挥主观能动性，家长首先要做的是让孩子认识到学习的意义。首先，学习不是为了老师、家长，而是为了自己。假学习、假努力可以骗得了老师、家长，但骗不了自己。其次，学习不是机械地迁移知识的过程，而是一个要认识、掌握、吸收、消化的过程。最后，学习不能只看到知识、问题的表面，还要学会深入挖掘，发现并弄懂知识的来源和作用，这就需要有深度学习的思维。

第六章

挫折教育磨炼优秀品质，成就孩子的美好未来

挫折是孩子最好的老师，它可以启迪孩子的逆商，增强孩子的自信，激发孩子的好奇心和探索欲，磨炼孩子的意志力，提升孩子的定力，提高孩子解决问题的能力……与其说挫折对孩子是一种痛苦、一种磨难，不如说是一种蜕变、一种成长。

有效的挫折教育,是孩子身心独立的内驱力

不畏惧新环境、不排斥新伙伴、不逃避挫折等都是孩子身心独立的表现,而身心独立本身就是挫折教育有效的一种反馈。从某种程度上说,挫折谈不上是磨难,而是收获与成长。孩子可以在挫折中得到磨炼,为人处世能力、认知能力、情绪能力等都会得到一定的提升,从而能够慢慢分析和战胜挫折,身心也逐渐变得独立。

我天生胆小,从来都不敢一个人去新的环境,就连去家附近的超市买零食,我都要等妈妈买菜时跟她一起去,或直接让妈妈帮我买。

在和朋友一起学习的时候,每当我的答案和朋友的不一样时,我就会自我怀疑,想当然地认为是自己做错了。

身心独立是孩子人格独立的必要前提，只有身心都独立的孩子，才能逐步建立健全独立的人格。反之，如果孩子的身心不独立，那他的思想、行为必然会有一定的问题，比如思想上无法坚定自我意见，行为上依赖性强，面对挫折选择逃避，不敢单独做事，害怕落单，等等，这些表现又会反过来促使孩子的身心变得更加不独立，从而阻碍孩子独立人格的形成。身心不独立的孩子会有哪些消极表现和心理呢？

1. 质疑自己："肯定是我做错了。"

"面对同一道题，若出现两种不同的答案，而恰好自己的答案和其他小伙伴的不一样，那一定是自己的答案不对"，这是身心不独立的孩子经常会有的想法。对于这些孩子来说，只要外界质疑自己的所作所为，那就是自己错了，对于外界的质疑，他们从不怀疑。究其原因，还是孩子身心不独立，进而导致他们不自信，害怕自己和他人不一样的心理在作祟。

2. 依赖他人："我一个人不行的。"

身心不独立的孩子，是害怕一个人做事的。当他们被要求一个人去处理某个挫折时，即便这个挫折在他们可以解决的能力范围之内，他们也会轻易地否定自己，认为自己不行。不管什么时候，无论做什么，他们都喜欢身边有个伴，这个伴可以是父母，也可以是朋友。一旦没有人陪着，他们就选择宅在家里，哪里也不去，什么也不干。

3. 排斥新事物："都怪那个新来的同学。"

身心不独立的孩子，大都会对新环境、新同学、新伙伴有一定的恐惧和排斥心理。举个例子，当班里转来了新同学，老师、同学们又都格外地喜欢新同学，大家总是围着新同学转。这时，身心不独立的孩子就会产生害怕心理，他们害怕老师、同学会因此而孤立自己，从而对新同学产生嫉妒甚至是憎恨心理。如此一来，他们会把自己所遇到的社交问题全都推到新同学身上，产生"都怪那个新来的同学"的病态社交心理。

其实，对于孩子来说，发现自己和他人不一样、独自处理挫折、进入新的环境、遇到新的同学、建立新的社交关系等各种经历，都会成为他们成长道路各种挫折的来源，而这些挫折常常是孩子逐步克服依赖、让身心获得独立的好帮手。可以说，有效的挫折教育，往往是孩子内心独立的内驱力。下面几个方法可以帮助孩子积极应对挫折，让孩子变得更加独立。

1. 帮助孩子坚实信念，敢于承认自己不一样

缺乏自我意识、受他人观点左右、不敢坚持自我、不能坚信自己的信念、害怕自己和身边的同龄人不一样等，是大多数身心不独立的孩子经常会伴有的错误思想和心理。帮助孩子坚持自己的信念，让孩子发现且敢于承认自己和他人不一样，是父母帮助孩子消除错误思想和心理的最好办法。

至于如何让孩子坚持自己的信念，敢于承认自己与他人不一样，这就得具体情况具体分析了。比如，当孩子和父母的意见有冲突时，父母不能简单粗暴地让孩子放弃他的想法，强迫孩子按照自己的意见来。理智的父母会耐心地询问孩子提出这个意见的原因，并对意见的合理处给出合理、公正的点评，而

不合理的地方也会耐心地指出并给出更中肯可行的意见，这样一来，孩子就慢慢有了主见，慢慢地也就敢于坚持自己的信念了。

2. 培养孩子建立明确目标的好习惯

身心不独立的孩子大都比较被动、消极，对他人的依赖心理也很强，做事常常没有动机和目标，很多事情，都是别人要求做，他们才会去做，主观能动性很低。为了帮助孩子克服主观能动性低、态度消极、依赖他人的心理，父母要培养孩子建立明确目标的好习惯，让孩子的每一次行动都有目的，从而直接增强孩子的主观能动性，提升孩子的意志力。

3. 培养孩子健康的社交心理

孩子的社交心理是不健全的，社交情绪是不稳定的，尤其是身心都不独立的孩子，他们不敢独来独往，不敢与新伙伴建立新的社交关系，这对培养孩子健康的社交心理是极其不利的。

想要培养孩子健康的社交心理，就得先让孩子学会尊重他人，懂得用欣赏的眼光看待别人的优点，愿意开口赞美他人。关于这一点，父母可以从赞美孩子开始，让孩子切身感受到被赞美的喜悦。另外，父母还可以有计划、有目的地交给孩子一些任务，鼓励孩子独立完成，一来可以培养孩子独立解决问题的能力，二来可以建立孩子的自信，锻炼孩子独立的精神，为孩子的独立自主做准备。

积极应对挫折,磨炼孩子的意志力

每一个孩子,在成长的道路上,都必然要经历挫折的洗礼,或是生活上的挫折,或是学习上的挫折,可以说,成长是离不开挫折的。有的孩子讨厌挫折,因为挫折让他们感到痛苦;有的孩子则喜欢挫折,因为挫折磨炼了他们的意志,使他们获得成长。然而,挫折并不以人的意志为转移,不论孩子是讨厌还是喜欢,都必然要经历。

新学期开始,我喜欢也很愿意制订各种学习计划,可每一次我都无法坚持按计划执行,总有这样那样的借口使我无法按计划进行,最终计划成了纸上计划,没有任何价值。

"一口吃不成个胖子""坚持就是胜利"这些道理我都懂,可总是因为看不到一点成效而在中途选择放弃。

相信某些父母会有这样的烦恼：精心为孩子制订的学习计划，孩子坚持两天就不想坚持了；不管学什么，孩子都是三分钟热度，毫无毅力可言；孩子总喊累，对任何事情都提不起兴趣；孩子做作业时总三心二意，注意力十分涣散……这些都是孩子意志力薄弱的表现，都不利于培养孩子各方面的综合能力，也不利于培养孩子积极应对挫折的心态。那么，孩子的意志力与抗挫力之间有着什么样的关系呢？

1. 意志力薄弱，抗挫力也不会太强

意志力，是孩子的全部精神生活，无时无刻不在引导着孩子的行为和决定。一般情况下，孩子的抗挫能力与其意志力是成正比的，意志力越薄弱，抗挫力就越弱；反之亦然，孩子的意志力越强，抗挫力自然也越强。在满是挫折的成长路上，孩子若没有顽强的意志力，必然会一次又一次地受挫，内心的挫败感会很强烈，这会严重打击孩子的自信心，直接降低孩子的抗挫力。

2. 没有坚定的意志，就没有应对挫折的决心和勇气

意志力，是一种自觉的行为，也是一种力量，意志力越坚定，力量就越大，应对挫折的决心和勇气也就越大。反之，孩子若没有坚定的意志，那应对挫折的决心和勇气也是要大打折扣的。没有应对挫折的决心和勇气，就会失去磨炼意志力的机会。由此可见，孩子应对挫折的态度和他的意志力的强弱是紧密相连、密切相关的。

任何事物都有两面性，挫折也一样，与其总盯着消极、痛

苦的一面，不如积极地引导孩子转换思维和视角，将挫折看成一种挑战和考验，勇敢地应对挫折，在挫折中磨炼自己的意志力，使意志力得到增强，进而在挫折中收获良好的意志品质。具体方法如下。

1. 帮助孩子树立正确的挫折观，磨炼意志力

挫折是普遍存在的，家长应帮助孩子树立正确的挫折观，遇到挫折不丧气、不逃避、不绝望，愿意给自己磨炼意志力的机会，敢于直面挫折。父母可以告诉孩子，挫折是磨炼意志力、获取新知识的机会，感受的挫折越多，人就越理智、成熟，收获的经验、技能和知识就越多，进步得就会越快，自身也就会变得更加优秀。

2. 提高孩子的挫折承受力，培养良好的意志品质

一般情况下，孩子身心健康的程度和挫折承受力是成正比的，身心越健康，挫折承受力就越强，意志力也就越坚定。因此，要想提高孩子的挫折承受力，培养孩子良好的意志品质，家长就应该将孩子的身心健康放在首位。

坚持锻炼是保障孩子身体健康的有效方法之一，家长可以给孩子做好榜样，每天陪孩子一起锻炼。另外，平时家长要多花时间陪伴孩子，多倾听孩子的心声，及时排解孩子的负面情绪，以保证孩子心理健康。

3. 引导孩子积极应对挫折，坚定意志力

有些孩子在遇到挫折时，要么因为畏难情绪而选择拖延，要么觉得痛苦而选择暂时视而不见，不论是因为哪一个原因，

最终所展现的都是孩子应对挫折不积极的态度，也是孩子意志力不坚定、下不了决心、没有毅力应对挫折的表现。想要改变孩子的这种态度和表现，除了要让孩子建立正确的挫折观之外，还要引导孩子积极应对挫折，遇到挫折立即行动，不拖延、不逃避、不丧气，凭借自身意志将挫折这个"绊脚石"转变成"垫脚石"，使自我意志力得到新的磨炼，让自己在挫折中获得新的成长。

挫折可以启迪逆商，让孩子越战越勇

所谓逆商，又名挫折商，是指孩子面对挫折时的反应能力，即面对挫折、战胜挫折和超越挫折的能力。逆商越高，孩子的抗压、抗挫能力就越强，融入社会、跟上时代潮流的能力也就越强，在学业、生活、未来所从事的事业上都更有自信。可以说，逆商越高，孩子越有自信，越愿意直面挫折，挑战挫折。

我成绩不好，是一名不合格的学生；我手脚笨，不能帮妈妈分担家务。我是一个没出息的孩子，我的人生好像迷路了，似乎找不到意义。

我都坚持背十几天英语单词了，可是完全感觉不到英语成绩有提高，算了算了，人生苦短，我何苦要为难自己呢？不背了，不背了。

迷茫、半途而废、抱怨、自暴自弃、逃避等都是孩子逆商低的普遍表现，这些表现对培养和建立孩子的自信都是不利的。

逆商低的孩子，常常会把人生中必然会遇到的挫折定义为失败，从而表现出逆来顺受、信天由命的消极人生态度，由内而外地散发着不自信、怯弱的气质。在挫折面前，逆商低的孩子会有如下表现。

1. 受挫感强

孩子逆商低，是指孩子面对挫折、战胜挫折和超越挫折的能力较弱，简单地说，就是孩子受挫感强，容易产生受挫心理。对于大多数孩子来说，受到语言表达和情绪管理能力的限制，遇到挫折时，他们容易产生强烈的受挫心理，从而会选择一些极端的发泄方式，甚至会采取一些暴力的肢体动作来解决挫折。显然，这些解决挫折的方式会直接影响孩子的社交，而社交又是孩子成长过程中的一种本能需要，是孩子建立自信的一种方式，最终直接受到打击的还是孩子的自信心。

2. 不喜变化，逃避挫折

逆商不高的孩子，大多都不喜欢挫折，不喜欢自己的生活、学习、社交发生变化，他们喜欢待在自己的舒适圈里。然而，世间万物都处于不断的发展变化中，每个孩子的生活、学习、社交等都不可能是一成不变的，而且计划总赶不上变化，这些变化无不要求孩子打破固化思维，直面变化，这对不愿意打破自己舒适圈的孩子来说，就是一种逆境、一种挫折。而那些选择忽视变化、逃避挫折的孩子的内心都是不自信的，他们在选择逃避的同时也否定了自我，不相信自己能应对变化，能在变化中变得更好。

其实，在某种程度上，挫折是可以培养孩子的逆商、增强孩子的自信。因此，家长要引导孩子抓住每一个挫折，充分利用每一个挫折，以提高孩子面对逆境的反应能力，增强孩子应对挫折的自信心。家长可以从以下两个方面着手提高孩子的逆商。

1. 引导孩子正确区分挫折与失败，建立直面挫折的信心

挫折和失败是两个不同的概念，它们彼此之间虽然有联系，但却是相互独立的概念。然而，有些孩子经常会把自己遇到的挫折定义为失败，给自己的人生贴上失败的标签，从内心深处失去直面挫折的自信。因此，家长首先要让孩子弄清楚什么是挫折，什么是失败，以免孩子错误地把挫折定义为失败。

家长要用孩子能够理解的语言和方式告诉孩子，失败是一种挫折，但挫折并不都是失败，挫折是可以战胜和超越的。家长可以借助孩子当下所遇到的挫折，科学地引导孩子去战胜挫折，让孩子切身感受到挫折是可以战胜的，从而更直观地理解挫折并不是失败，更有信心和底气去面对挫折。

2. 培养孩子强大的复原力

提到复原力，有些家长是陌生的。所谓复原力，是指孩子在面对逆境、悲剧、创伤或其他重大压力等各种困难经历时的反弹能力，主要是一种在逆境、挫折中自救、恢复甚至是提升自我的能力。强大的复原力，可以让孩子更自信地面对挫折。

那么，家长要怎么做才能培养孩子强大的复原力呢？首先，要让孩子学会接受生活中的不确定性，提升孩子的随机应变能

力；其次，培养孩子接受和战胜挫折的能力，树立积极应对挫折的心态；最后，提升孩子的自控力，让孩子遇到挫折时不慌张、不失态、不崩溃，能够时刻保持沉着、理智、积极的处世态度。

勇敢面对，挫折总能激发孩子的好奇心和探索欲

说起孩子的好奇心和探索欲，很多家长自然而然地会联想到孩子的想象力、创新力、思维力、注意力以及求知欲，而这些都与孩子的智力发展息息相关，都是孩子获取智慧的关键要素。因此，激发孩子的好奇心和探索欲，并对其进行保护，是家长在育儿过程中要重点关注的问题。挫折是可以激发孩子的好奇心和探索欲的，家长要舍得放手让孩子去受挫，引导孩子勇敢地面对挫折，让挫折激起孩子的好奇心和探索欲。

我在遇到生字时，特别喜欢查字典，特别好奇这个字在字典里的读音、拼音、笔顺、笔画以及释义。慢慢地，我认识的字就变多了，查字典的效率也提高了。

我的玩具车坏了，然后我就把它拆了，我想看看里面都有什么，都需要哪些零件，我还想亲手把它修好呢！

对新事物充满好奇、对新知识感到新鲜、思维活跃、创造力强、想象力丰富、探索欲强、注意力集中、精力旺盛、不惧挫折等,都应该是孩子身上所散发的朝气和所应有的标签。然而,事与愿违,有些孩子身上的朝气早已消失,我们看到的常常是一个疲惫的身躯,而且贴在孩子身上的标签大多是"数学不行""英语太差""没有语感""玻璃心""扛不住一点点挫折"等比较消极和负面的。疲惫的身躯、消极负面的标签严重扼杀了孩子的好奇心和探索欲,危害了孩子的身心健康。

1. 在与学习无关的事上,孩子无法获得父母的支持和帮助

在某些父母的教育理念里,除了学习之外,孩子所做的其他任何事都不能称为正事,所遇到的其他挫折也不能叫作挫折。换句话说,孩子不能对学习之外的任何事物产生好奇心,不能花时间去探索新事物,更不能在学习挫折以外的其他挫折上获得父母的支持和帮助。在这种环境中成长的孩子,好奇心和探索欲都会受到压制,面对挫折的勇气也会因为得不到父母的帮助而大打折扣。

2. 父母不愿孩子在挫折上浪费学习时间

不是每一个父母都能慷慨地给孩子经历挫折的自由,也不是每一个父母都舍得让孩子花时间在挫折中探索。在部分父母眼中,孩子的时间非常宝贵,每一分、每一秒都应该花在学习上,甚至有极少数家长,竟连孩子思考问题的时间长短都要限制,目的是防止孩子发呆浪费时间。渐渐地,孩子稍微一遇到点儿挫折就会慌张,一是不知道怎么面对挫折,二是生怕在挫

折上花费太多时间而被父母批评。于是,他们就干脆选择逃避挫折,主动放弃可能获得成长的机会。

对于孩子来说,学习固然很重要,但好奇心、探索欲更重要,这关乎孩子的智力能否得到发展和保障。因此,家长除了要重视孩子的成绩,还要注重孩子好奇心、探索欲的发展,以保护孩子的求知欲和进取心,给孩子的想象力、创造力表现的机会,让孩子变得更加智慧。下面是给家长的几点建议。

1. 正面回应孩子的疑问,保护孩子的好奇心

对于生活阅历、知识文化都有限的孩子来说,这个世界上有很多新鲜、新奇的事物会让他们感到好奇,他们的探索欲望也会因强烈的好奇心而得到激发,从而产生很多疑问。面对孩子各种各样的疑问,家长不应该表现得不耐烦,甚至对其进行批评、指责,以免扼杀了孩子的好奇心,阻碍孩子对社会的认知。

孩子因为对新事物好奇而主动探索,从而遇到了疑问,这本身就是一种挫折,这是很多父母都容易忽视的。其实,孩子的每一个疑问背后,都可能藏着他当下所遇到的挫折,家长积极正面地回应孩子的疑问,不但可以帮助孩子分析、应对挫折,给孩子面对挫折的勇气,还能保护孩子的好奇心。

2. 培养孩子独立思考、自主探究问题的精神

独立思考、自主探究是充分激发孩子探索欲望的有效途径,而且孩子的想象力、创造力、注意力都会在独立思考、自主探究的过程中得到一定的提升。因此,培养孩子独立思考、自主

探究问题的精神是很重要的。

　　就拿应对挫折来说，能够独立思考、自主探究的孩子一般不会轻易被挫折吓倒，他们能够沉着冷静地分析挫折，能够积极主动地探究挫折，非但不会因为挫折而感到痛苦，反而会对挫折产生一定的好奇心和探索欲，进而不惧怕挫折，敢于直面挫折，并在挫折中获得知识和成长。

吃一堑,长一智,挫折有助于提高孩子解决问题的能力

吃一堑,长一智,挫折也有积极、正向的一面,也能给孩子以教育和磨炼,提高孩子解决问题的能力。所以,不论是家长,还是孩子,都应该学会理智地看待挫折,不能片面地、一刀切地以为挫折只是逆境,只是痛苦,甚至是倒霉的灾难。

 因为一次考试失败,孩子整个人都变得萎靡不振了,言语动作中都流露着人生没有希望了。

因为输了一场足球比赛,孩子就极端地认为自己能力不行,哪方面都不行。

其实,挫折就是一个客观存在的放大镜,孩子能够在挫折中看到自己的劣势和不足,并为此而表现出种种负面情绪,或羞耻,或崩溃,或极端,或郁闷,或自责,如果父母不加以正向指导,不但会影响孩子的身心健康,还不利于锻炼孩子应对挫折的能力,这对孩子的学习、生活和成长都是极其不利的。

下面是孩子遇到挫折时表现出来的两种消极情绪。

1. "受害者"心理:"我可真倒霉,什么倒霉事都摊上了。"

有些孩子把让自己不如意、不快乐的事情统统都称为挫折。当这些不如意、不愉快的事情接二连三地发生时,他们会消极地认为自己很倒霉:"我可真倒霉,什么倒霉事都摊上了。"他们会产生很强烈的"受害者"心理,以致只顾着抱怨,而忘了在挫折中思考、反省,失去了"长一智"的机会,如此一来,这一堑就只剩下痛苦和抱怨了。

2. 自负心理:"我怎么连这点儿挫折都克服不了,真是差劲。"

有些孩子很好强,经常不把挫折看在眼里。当他们遇到自己无法战胜的挫折时,很容易产生挫败心理:"我怎么连这点儿挫折都克服不了啊,真是差劲!"这些孩子表面上看起来很强势,在挫折面前也很勇敢,但内心却是自负的,遇到挫折也不愿意向别人求助,所采取的行为也都比较鲁莽。对于他们来说,遇到的挫折越多,可能并不利于提高他们应对挫折的能力,反而会将他们自负、自卑的心理放大,使他们变得更加暴躁不安。

吃一堑,长一智,挫折其实是孩子最好的老师,前提是孩子要懂得在挫折中寻找原因,并主动去思考怎么解决和避免类似的挫折,从而能够在挫折中发现解决问题的方法,间接提高孩子解决问题的能力。如此,孩子才能因为一次挫折而增长一分才智,获得一分成长。为了能让孩子在挫折中获得成长,提高孩子应对挫折的能力，家长需要注意以下两点。

1. 正确处理孩子的"告状"，鼓励孩子主动应对挫折

有些孩子很喜欢也很擅长告状，比如受了委屈、和朋友闹矛盾了，他们都很愿意向老师、家长告状，并期望从老师、家长那里得到安慰或帮助。

比如，孩子在学校和其他同学产生了矛盾，放学回到家后就向父母告状，哭诉自己的委屈。孩子这样做，一来是想让父母出面帮自己解决矛盾；二来是想从父母那里得到同情和安慰，是为了博得父母的关注；三则是孩子习惯依赖父母，遇到挫折喜欢抛给父母的表现。不论是告状的初衷还是表现，都充分展现了孩子面对挫折不主动的处事风格。

然而，当孩子习惯了告状，遇到事情喜欢告状，且通过告状能获得好处时，他应对挫折的主动性就会呈直线下降，解决问题的能力也会因此而失去了提升的机会。因此，面对孩子的各种告状，家长要拿出正确的态度，鼓励孩子先自己想办法解决，引导孩子从各个方面想办法，训练孩子主动解决问题的能力。

2. 学会"偷懒"，孩子的问题让孩子自己处理

有些孩子，每遇到挫折，都会习惯性地等待大人来处理，如果大人因出差或办事而暂时不在身边，孩子就会暂时将挫折搁置，直到大人回来再让大人处理。而有些家长，为了降低孩子的焦虑和忧愁，也会习惯性地替孩子处理各种挫折，从而为孩子提供了不用为解决问题而烦恼的机会，致使孩子处理问题

的能力得不到该有的训练。

实际上,在养育孩子的过程中,父母应该学会"偷懒",尤其是孩子的挫折教育方面,父母不应该"好心地""勤快地"替孩子应对各种挫折,而应该把挫折交给孩子,让孩子自己尝试去应对,从而在挫折中提高孩子解决问题的能力。

愈挫愈勇，经历挫折多了，定力也就强了

当一个人身处挫折中，却不慌张、不害怕，继续坚定地朝着既有的目标前行时，我们就说这个人有很强的定力。孩子初遇挫折，难免会害怕、会自我怀疑、会感到无助、会想要放弃，而当孩子历经的挫折多了，形成一定的抗挫能力之后，再次遇到挫折，他就有了一定的定力，就能够保持一定的意志力，能够坚定信念，坚持初心。

关于这次象棋比赛，我准备了很长时间，而且跟姥爷实战了很多次，本身是有一定的实力的。可当对手在棋盘上稍微比我有点儿优势时，我就慌了，脑子里瞬间一片空白，最后输得好惨。

我没有想到学习钢琴那么难，本来还想着学好之后，在教师节弹给老师听呢！唉，既然这么难，那我就放弃吧！不学了，不学了。

遇事容易慌乱、心态不好、做事有始无终、常常忘了自己为什么出发、容易自卑等都是孩子定力不强的表现。定力不强的孩子，常常会陷入被动的情景中，他们经常会因为一点儿挫折而出现情绪失控、行为极端、语言不当等情况。那么，孩子定力差的原因有哪些呢？

1. 心无所依，内心缺乏安全感和归属感

当一个孩子心无所依时，他内心的安全感和归属感是很脆弱的，甚至可能压根就没有，这对于一个孩子来说，是非常残酷的。这样的孩子不敢犯错，遇挫胆小，经不住诱惑，没有辨别好坏的能力，担不起责任，对生活、学习没有目标，经常受周围人的影响，总是随波逐流，毫无定力可言。

2. 心急，总渴望快速成功

定力不强的孩子，会因为短期内看不到成果而灰心丧气，从而不愿意继续坚持。不管是学习知识文化，还是发展兴趣技能，他们都渴望快速成功，甚至还会去查找一些所谓的捷径。殊不知，这些看似聪明的捷径，只会让他们的学习流于表面，无法真正地将知识、技能、兴趣转变成自己内在的能力，进而产生挫败感，从内心深处失去自信。

3. 不自信，意志力薄弱

自信和意志力，对于任何孩子来说，都是非常重要的，它们不仅关系到孩子在学业、社交、生活等方面可能会取得的成绩，还会影响孩子的身心健康。一般来说，不自信且意志力薄弱的孩子，定力通常都不会太强。就拿学习来说，如果孩子没有自信，意志力薄弱，就很容易因为某个学不会的知识点而讨厌某门学科，进而产生厌学情绪，这其实是孩子定力较差的体现。

定力，其实是孩子的核心竞争力，它主要体现了孩子做事的自信、原则和态度。在有着明确目标和计划的前提下，定力越强的孩子，越能力除干扰，静心专注追逐目标，努力排除万难，逐步落实计划并实现目标。这样的孩子经得住诱惑，守得住初心，盯得住目标，认得清自我，敢于直面挫折且能够应对挫折，能在挫折中愈挫愈勇。通常情况下，孩子经历的挫折多了，定力也会得到提升。这是因为挫折给了孩子提升定力、磨炼定力的机会。因此，在孩子面对挫折时，家长可以这么做。

1. 鼓励孩子直面挫折，抓住提升定力的机会

很多时候，畏惧挫折要比挫折本身可怕得多，而有些孩子又常常让自己陷入畏惧挫折的状态中，他们找借口，推卸责任，逃避挫折，没有定力，不敢直面挫折，向挫折低头，主动放弃磨炼意志、提升定力的机会。这样的孩子，且不说将来能不能融入社会，就连当前最重要的学业，他们大都很吃力，甚至会有些难以胜任。

挫折是孩子最好的老师，但前提是孩子敢于直面挫折，愿意在挫折中去学习、去成长。父母是孩子最亲密、最信赖的人，理应给予孩子直面挫折的勇气，帮助孩子正视挫折，让孩子不惧怕挫折，从而给自己经历挫折、收获成长、磨炼意志、增强定力的机会。

2. 培养孩子抗挫折的能力，让孩子在挫折中磨炼强大的定力

孩子除了能够不畏惧挫折，敢于直面挫折之外，还应该具备应对挫折、抗挫折的能力，如此才能愈挫愈勇，才能在挫折中磨炼强大的定力。学习知识文化、掌握技能方法、懂得寻求帮助等都是孩子应对挫折、抗挫折所需要具备的一些储备和能力。

正所谓"授之以鱼，不如授之以渔"，父母不能因为一时方便而直接替孩子应对挫折，或直接告诉孩子应对挫折的方法，这不利于培养孩子应对挫折的思维和能力，对培养和提升孩子的定力没有帮助。明智的父母会逐步引导孩子去分析和思考挫折，他们善于用"怎么办呢？"来激发孩子的想象力，一步一步地引导孩子剥开挫折，让孩子充分利用有限的知识和技能来应对挫折。在他们的帮助下，孩子会愈挫愈勇，孩子的定力能得到充分的训练，并获得有效提升，孩子会变得更加自信、优秀。

挫折教育帮助孩子戒骄戒躁，变得更加沉着理智

孩子的幸福很简单，一个心仪的玩具、一次理想的成绩、一个玩得来的同伴、一声父母的夸赞、一句老师的肯定等，都会让孩子感到无比的喜悦和幸福。然而，人生并不总是顺遂的，逆境、挫折也是人生的一部分。孩子总是处在顺遂的喜悦中，容易变得骄傲、浮躁，而适时的逆境，却能帮助孩子戒骄戒躁，变得更加沉着理智。

我从来没考过这么低的分，好烦，好丢人！

我在学校被老师误会了，回到家跟爸妈解释了半天，可他们就是不相信我，非说我在狡辩，我特别生气，就随手将旁边的花瓶摔在了地上。

成绩不理想，被老师、父母误会，被好朋友嘲讽等，都是孩子在成长过程中所能遇到的一些比较常见的挫折，也是很多父母看不上眼的、容易忽视的挫折。站在父母的角度，孩子所

遇到的这些挫折根本不能称之为挫折，因而也不会将其作为挫折对孩子进行教育，进而错过了很多可以帮助孩子戒骄戒躁，让孩子变得沉着、理智的机会。然而，正是这些父母看不上眼的挫折，最容易让孩子失去理智，原因如下。

1. 不起眼的挫折，最容易让孩子心烦意乱

"好朋友一天都没有找我说话，她是不是不想和我做朋友了？""老师总是让我回答问题，他是不是针对我、不喜欢我呀？""坐在我后面的同学总在我背后说悄悄话，他们不会是在说我的坏话吧？"……在父母眼里，孩子口中的挫折总是那么不起眼，让人觉得幼稚又好笑，然而正是这些在父母眼里幼稚又好笑、毫不起眼的挫折，最容易让孩子心烦意乱、躁动不安。

大多数孩子都是感性的，他们会无限地纠结和放大一个挫折，以至于脑子里想的、心里装的全都是当下所遇到的挫折，进而导致情绪低落、精神不佳、饮食不好，从而没有多余的精力对挫折进行理智地分析，最终因无法正确认识挫折而不能更好地应对挫折。

2. 芝麻大小的琐事，总能让孩子自乱阵脚

在很多父母眼里，孩子是没有忧伤的。他们认为，孩子的饮食起居有人照顾、上学放学有人接送，每天只需要开开心心地去上学，去和同学们玩耍，没有世俗杂事，自然应该是快乐的。但是，孩子也是一个独立的有思想的人，这一点他们和大人是一样的，他们也会有自己的烦恼，也会因一些芝麻大小的琐事而乱了阵脚，从而变得紧张、害怕、不知所措。

有些父母总是抱怨自家孩子骄躁，没有应对挫折的勇气，遇到一点儿小挫折，就表现得畏首畏尾、骄躁不已。在他们眼里，这样的孩子往往缺乏自信，没有大局意识，将来是上不了大场面、成不了大器的。诚然，若放任孩子继续这么成长，恐怕孩子将来要想有所成就也是很难的。因此，当孩子遇到挫折时，父母要及时、科学地对其进行挫折教育，以帮助孩子戒骄戒躁，增强其抗挫、抗压能力，具体做法如下。

1. 不骄不馁，培养孩子的大局观念

孩子见过的人、历过的事、学过的知识等都是有限的，因此，他们很少会有大局观念。他们会因为当下取得的好成绩而沾沾自喜、骄傲得意，也会因为眼前的小挫折而灰心丧气、馁怯胆小。总的来说，他们的眼界是狭隘的，目光是短浅的。

父母要充分利用自己的学识、阅历，借助网络、书本等来打开孩子的视野，帮助孩子建立大局观念，引导孩子学会透过事物的表面看待事物的本质，培养孩子"胜不骄，败不馁"的自信，让孩子能够更理智地看待成绩和挫折。

2. 坚定自信，让孩子无畏成长

孩子骄傲自负、浮躁不安常常是一种不自信的表现。因为不自信，所以常常会因为一点点挫折而自我怀疑、止步不前；因为不自信，所以经常会让自己陷入挫折的烦恼中，身心都受到了影响；因为不自信，所以经常害怕遇到挫折，不敢接触新环境、新事物、新伙伴，害怕长大……然而，挫折有时候就像是一位带有偏见的"不速之客"，孩子越不坚定、没自信、害怕长大，所面临的挫折就越多。

每一个挫折都是孩子建立自信的机遇，也是孩子成长的印记。父母不但要鼓励孩子直面挫折，还要引导孩子在挫折中戒骄戒躁，建立自信。培养孩子遇到挫折时不慌张，应对挫折时脚步不踉跄的积极、正面态度，不惧挫折，也不畏成长，不断在挫折中突破自我，获得理智。